· 애호가들을 위한 위스키 상식 324 ·

WHISKY

위스키 지식사전

애호가들을 위한 위스키 상식 324

WHISKY

위스키 지식사전

미래지식

Published in the United States as: A FIELD GUIDE TO WHISKY: An Expert
Compendium to Take Your Passion and Knowledge to the Next Level
Copyright ⓒ 2017 by Hans Offringa
Copyright ⓒ 2017 by Karakter Uitgevers B.V., Unithoorn
Photographs copyright ⓒ 2017 by The Whisky Couple
Illustrations and maps copyright ⓒ 2017 by Willemien Haagsma
Page 208: Ron Greve
Page 212: Kevin Kroon
Page 31 and 166: Ewald Lap
Page 196: Charles McLean
Page 24 and 192: John Paul
Pages 228~29: Ingvar Ronde
Page 96: Teun van Wel

Original Title: Wat je als whiskyliefhebber moet weten
Author: Hans Offringa
Research Manager: Becky Lovett Offringa
Hansoffringa.com/ thewhiskycouple.com
Frist published in the Netherlands in 2015 by Karakter Uitgevers B.V. in the series
Wat je als…moetweten.
Design by Raphael Geroni

WHISKY
위스키 지식사전

초판 1쇄 발행 2022년 4월 8일
초판 4쇄 발행 2023년 12월 29일

지은이 | 한스 오프링가
옮긴이 | 임지연
펴낸이 | 박수길
펴낸곳 | (주)도서출판 미래지식
편집 | 이미선
디자인 | design ko

주소 | 경기도 고양시 덕양구 통일로 140 삼송테크노밸리 A동 3층 333호
전화 | 02)389-0152
팩스 | 02)389-0156
홈페이지 | www.miraejisig.co.kr
전자우편 | miraejisig@naver.com
등록번호 | 제 2018-000205호

ISBN 979-11-91349-42-9 (13590)

*값은 표지 뒷면에 표기되어 있습니다.
*잘못된 책은 구입하신 서점에서 바꾸어 드립니다.
*이 제작물은 아모레퍼시픽의 아리따글꼴을 사용하여 디자인되었습니다.

당신의 열정과 지식을 한 단계 업그레이드할
위스키 전문 가이드북

"문명은 증류와 함께 시작된다."

———————————————————————

윌리엄 포크너 William Faulkner

Contents

들어가며   11

CHAPTER 1   위스키란 무엇인가?   15

CHAPTER 2   세계의 위스키   25

CHAPTER 3   곡물이 위스키 잔에 담기기까지   47

CHAPTER 4   병입과 라벨 읽기   169

CHAPTER 5   위스키 시음   193

CHAPTER 6   위스키 구매 및 투자 가이드   217

CHAPTER 7   위스키 트렌드   231

CHAPTER 8   그 밖의 위스키 지식   253

CHAPTER 9   세계의 위스키 증류소   277

추천 위스키   302

참고자료(세계의 위스키 축제 | 위스키 단체 | 참고문헌 | 여행 정보)   304

찾아보기   314

들어가며

위스키는 아일랜드에서 기원했을 가능성이 높은 알코올음료이다. 아일랜드의 위스키 증류 비법이 스코틀랜드에 전파되면서, 이 두 나라가 세계에서 가장 복잡한 음료의 발상지로 널리 인정받게 되었다. 이후 아일랜드와 스코틀랜드의 증류 기술자들이 자신들의 노하우를 가지고 미국과 캐나다로 이민을 떠나며 아메리카 대륙에 전해졌고, 20세기 초반에 들어서는 일본이 스코틀랜드의 위스키 제조 기술을 받아들였다. 오늘날에는 전 세계 어디서나 위스키를 제조한다.

위스키 증류에 필요한 재료는 곡물, 물, 효모로 의외로 간단하다. 하지만 위스키에 대한 길고 긴 이야기는 이제 시작이다. 오늘날 위스키의 종류는 매우 다양하며, 기본적인 생산 방식은 전반적으로 비슷하지만 나라마다 조금씩 다르다. 동일하게 적용되는 기본 원리는 다음과 같다. 곡물에 들어 있는 전분이 효소 작용을 거치면 발효되기 쉬운 당으로 변환된다. 따뜻한 물에 이 당을 녹여 잠시 식힌 뒤 효모를 더하면 알코올이 함유된 액체가 생성된다. 이 액체는 특정 온도까지 가열할 때마다 알코올의 비율이 증가하는데, 원하는 비율에 이르면 이 증류액을 오크통에 붓고 숙성시킨다. 그 최종 결과물이 우리가 소비하는 위스키이다. 최소 숙성 기간은 나라마다 다르지만, 법적으로 위스키로서 병입할 때 액체의 알코올 도수(ABV)가 최소 40% 이상이어야 한다.

최근 젊은 세대에서 위스키의 인기가 높아지면서 위스키는 새로운 전성기를 누리고 있다. 《위스키 지식사전》은 위스키에 대한 기초 지식을 익히고 좋은 위스키를 선택하는 법을 알고 싶은 입문자부터 새로 개발된 제품, 최신 트렌드, 참고 서적 등에 관심 있는 위스키 전문가까지 여러분의 위스키 생활의 훌륭한 동반자가 되어줄 것이다.

이 책에는 스코틀랜드, 아일랜드, 미국, 캐나다, 일본 같은 5대 유명 위스키 생산국부터 태즈메이니아, 타이완, 남아프리카 등 거의 알려지지' 않은 곳까지 저자가 직접 위스키가 생산되는 세계 각지 구석구석을 여행하며 만난 다

양한 위스키를 소개했다. 그리고 그 역사와 다양한 위스키의 종류, 라벨을 읽는 법, 잔에 따라 복잡한 풍미를 음미하고 식별하는 법, 나아가 지인들과 경험을 공유할 수 있는 위스키 클래스를 진행하는 법까지 다루었다. 또한 위스키 투자에 대한 귀중한 조언과 더불어 미국을 비롯한 세계 각국의 위스키 업계에 대해서도 소개했다. 마지막으로 세계의 주요 증류소와 관련 지도를 비롯해 위스키 축제, 위스키 호텔 등 여행 정보도 수록해 유용한 전문 지식을 쌓을 수 있도록 안내했다.

CHAPTER 1

WHAT
IS
WHISKY?

위스키란 무엇인가?

1. '위스키'라는 단어는 어디에서 유래됐을까?

위스키의 어원은 스코틀랜드 언어인 게일어로 '우스게 바하(Uisge Beatha)'에서 유래됐다고 전해진다. 게일어에 능숙하지 않았던 영국인들은 이를 'Uisgy'로 바꾸어 사용했고, 이는 이후 'Whisky' 또는 'Whiskey'로 변형되었다고 한다. 라틴어로는 생명의 물이라는 뜻의 '아쿠아 비테(Aqua Vitae)'로 불렸다.

2. 'Whisky'의 스펠링에 왜 e를 넣거나 넣지 않을까?

과거에는 2가지 용례 모두 사용되었다. 하지만 시간이 흐르면서 아일랜드인과 미국인은 Whiskey를 선택했고, 스코틀랜드를 비롯한 나머지 국가는 Whisky를 선택했다. 그러나 확고부동한 규칙은 아니다. 예를 들어 미국에서 생산되는 메이커스 마크(Maker's Mark)와 올드 포레스터(Old Forester)는 제품명을 'e' 없이 표시하고, 반면에 네덜란드의 증류소 호츠만(Horstman)은 라벨에 'e'를 넣어 표시한다. 이 책에서는 'Whisky'로 통일하여 사용했다.

3. 위스키의 종류에는 어떤 것이 있을까?

위스키는 다음의 13가지 종류로 구분된다.

1. 싱글 몰트 위스키(Single Malt Whisky)
2. 싱글 그레인 위스키(Single Grain Whisky)
3. 블렌디드 몰트 위스키(Blended Malt Whisky)
4. 블렌디드 그레인 위스키(Blended Grain Whisky)
5. 블렌디드 위스키(Blended Whisky)
6. 버번 위스키(Bourbon Whisky)
7. 테네시 위스키(Tennessee Whisky)
8. 라이 위스키(Rye Whisky, 호밀 위스키)
9. 위트 위스키(Wheat Whisky, 밀 위스키)
10. 콘 위스키(Corn Whisky, 옥수수 위스키)
11. 캐나디안 위스키(Canadian Whisky)
12. 일본 위스키(Japanese Whisky)
13. 아이리시 위스키(Irish Whisky)

싱글 몰트 위스키, 싱글 그레인 위스키, 블렌디드 몰트 위스키. 블렌디드 그레인 위스키, 블렌디드 위스키, 라이 위스키, 위트 위스키, 콘 위스키는 전 세계 어디서든 생산될 수 있다. 하지만 테네시 위스키나 캐나디안 위스키, 일본 위스키, 아이리시 위스키는 특정 지역이나 국가에서만 생산된다. 원산지가 라벨에 표시되어야 하며, 프랑스의 알자스 위스키(d'Alsace Whisky), 스페인의 에스파뇰 위스키(Español Whisky) 같은 식으로 지역 정보가 추가되는 경우도 많다.

4. 위스키 브랜드는 몇 가지일까?

위스키 브랜드는 무려 수천 개가 넘는다! 한 증류소에서 한 번에 여러 브랜드를 생산할 수 있기 때문이다. 이러한 생산 방식은 스코틀랜드를 비롯한 전 세계 다른 지역보다 미국과 아일랜드에서 보편적이다. 금주법 영향이기도 한데, 파산하고 폐업한 증류소들에서 생산되던 여러 브랜드가 자국 내에서 살아남은 증류소에 팔렸기 때문이다.

   미국의 헤븐 힐(Heaven Hill) 증류소는 100여 종의 버번 위스키를 생산하며, 아일랜드 코크 지방의 미들턴(Midleton) 증류소는 7개 이상의 유명 브랜드를 생산한다. 아일랜드 던도크의 쿨리(Cooley) 증류소는 새 고객들을 위해 금주법 이전의 아일랜드 브랜드 위스키를 재현한 것으로 유명하다. 블렌디드 스카치 위스키는 맞춤형 생산이 가능하며, 고객이 브랜드를 직접 선택할 수 있다. 다른 브랜드 이름을 사용하는 이유는 풍미의 특징을 구분하기 위해서이다. 예를 들어 스코틀랜드 남부의 스프링뱅크(Springbank) 증류소는 롱로우(Longrow), 헤이즐번(Hazelburn)과 더불어 같은 이름의 싱글 몰트를 생산하며, 스코틀랜드 멀섬의 토버모리(Tobermory) 증류소는 피트* 처리하지 않은 싱글 몰트 토버모리(Tobermory)와 피트 위스키 르첵(Ledaig)을 생산한다.

* 피트(Peat) : '이탄'이라고도 하며, 완전히 석탄이 되지 않은 초기 단계의 것을 말한다. 맥아를 건조시킬 때 피트를 연료로 사용하면 연소하면서 나는 스모키한 피트 향이 입혀진다. 피트 처리한 위스키에는 피티드(Peated), 피트 처리하지 않은 위스키에는 언피티드(Unpeated)라고 표시한다.

5. 최대 위스키 생산국은 어디일까?

많은 이의 생각과 달리, 전 세계에서 지금까지 가장 많은 위스키를 생산한 나라는 바로 '인도'이다. 위스키 전문 매체에서 발행하는 《Malt Whisky Yearbook》에서 공식 발표한 연간 위스키 생산량 상위 30위 리스트에서 2015년 1위를 차지한 것은 연간 총 2억 1,400만 리터의 생산량을 기록한 오피서스 초이스(Officer's Choice)였지만, 사실상 인도 이외의 지역에서는 거의 알려지지 않은 위스키이다. 조니 워커(Johnnie Walker)가 연 생산량 1억 8천만 리터로 그 뒤를 이었다. 큰 차이가 없어 보이지만, 상위 10위권에 인도산 위스키가 7개나 올라 있으니 1위인 오피서스 초이스의 생산량까지 더한다면 인도의 위스키 생산량이 연간 10억 리터에 달하는 셈이다. 테네시 위스키인 잭 대니얼스(Jack Daniel's)는 1억 350만 리터로 6위를 차지했다.

이 리스트에서 버번 위스키 중 1위는 6,200만 리터로 전체 11위를 차지한 짐 빔(Jim Beam)이며, 캐나다의 크라운 로얄(Crown Royal)이 4,950만 리터로 13위를 차지하며 2015년에 처음으로 명단에 이름을 올렸다. 아일랜드의 자랑, 제임슨(Jameson)은 3,870만 리터로 17위를 차지했다. 일본의 가쿠빈(Kakubin)은 2,520만 리터로 25위에 올랐다. 이 리스트에 오른 스카치 위스키는 전부 10개로 총 3,610만 리터에 달하며, 그중 유명한 브랜드는 시바스(Chivas), 발렌타인(Ballantine's), 더 페이머스 그라우스(The Famous Grouse), 듀어스(Dewar's) 등이다. 인도의 중소 브랜드 5개의 총 생산량은 1,820만 리터이며, 미국산 위스키 씨그램 세븐 크라운(Seagram's 7 Crown)은 2,160만 리터로 30위를 기록했다. 위스키의 그랑 크뤼(Grand Crus, 특급 포도원에서 생산된 고급 와인을 가리키는 와인 용어, 여기서는 최고급품이라는 의미로 사용됨)라는 싱글 몰트 제품은 리스트에 오르지 못했다. 싱글 몰트 위스키의 최대 생산자인 글렌피딕(Glenfiddich)은 연간 약 1,400만 리터를 생산한다.

캐나다

일본

스코틀랜드

미국

아일랜드

6. 위스키를 가장 많이 수출하는 나라는 어디일까?

스코틀랜드, 아일랜드, 미국, 캐나다, 일본은 세계 위스키 업계의 핵심 주자이다. 세계적으로 유명하고 광범위하게 유통되는 위스키를 생산한다는 점에서 이들 나라를 '빅 파이브(Big 5)'라고도 칭한다.

　인도가 세계 최대 위스키 생산국임에도 '빅 파이브'에 속하지 못하는 이유는 생산량의 90%가 자국 내에서 소비되기 때문이다. 게다가 인도산 위스키의 상당수가 곡물이 아닌 사탕수수를 원료로 하므로 원칙적으로 위스키로 보기도 어렵다. 하지만 인도 또한 암루트(Amrut)와 폴 존(Paul John)이라는 싱글몰트 위스키를 생산하며 세계 시장에서 입지를 다지고 있다.

"무엇이든 과하면 좋지 않다.
하지만 좋은 위스키는
아무리 과하게 마셔도 부족하다."

마크 트웨인 Mark Twain

7. 위스키 한 병의 가격은 얼마일까?

고급 위스키 한 병의 가격은 25달러에서 200달러 사이에 형성되어 있지만, 패피 반 윙클(Pappy Van Winkle) 같은 희귀 브랜드와 한정판 제품은 2만 달러를 넘기도 한다.

'고급'의 기준이 모두 같지는 않기 때문에 그 범위는 매우 넓다. 간혹 특정 버번과 원하는 위스키를 구하지 못할 때면 생산량이 부족한 것처럼 보이기도 하지만, 생산량 자체는 부족하다고 할 수 없다. 오늘날은 과거 어느 때보다 많은 위스키가 생산되고 있지만 이는 특정 브랜드나 스타일에 대한 수요가 증가한 결과이다. 재고 관리의 어려움이 커진 생산자와 판매자가 할당량을 조정하기 때문에 여러분이 좋아하는 위스키가 지역 상점에 늘 구비되어 있지 않을 수도 있다. 설령 원하는 것을 찾았다 하더라도 더 비싼 값을 치러야 한다는 의미이기도 하다.

위스키를 만들려면 증류액이 위스키로 상품화되기 전까지 일정 기간(보통 몇 년) 숙성 과정을 거쳐야 하기 때문에 장기적인 사업 계획을 세운다. 게다가 4~10년 후 사람들이 무엇을 좋아할지 예측하기는 더욱 어렵다. 이는 수세기 동안 위스키 제조자들을 괴롭힌 어려운 문제였다. 품질 좋고 구하기 쉬운 위스키 한 병의 가격은 20달러에서 70달러 사이에 형성되어 있다(소매업자마다 가격은 상이하다).

8. 숙성 연수가 높은 위스키가 낮은 위스키보다 더 좋을까?

숙성 연수가 높은 위스키가 숙성 연수가 낮은 위스키보다 반드시 더 좋은 것은 아니다. 연수는 숫자일 뿐이고 숙성 정도는 특징에 불과하다. 어떤 위스키는 오크통(흔히 '캐스크'라고도 함)에서 오랫동안 숙성을 거쳐야 하지만, 어떤 것은 좀 더 빨리 세상에 나와야 하는 것도 있다. 생산자들은 같은 품질이지만 다양한 연수의 제품 라인을 구성하여 다양성을 꾀하기도 한다. 위스키는 오크통에 오래 담겨 있으면 쓴맛이나 떫은맛이 강해질 수 있기 때문이다. 반면에 충분히 숙성되지 않으면 거칠고 독한 맛이 남아 풍미의 균형이 깨지기 쉽다.

9. 누구나 위스키를 만들 수 있을까?

기본적인 증류 과정 자체는 누구나 따라 할 수 있다. 그러나 좋은 위스키를 만들기란 꽤 어렵다. 또한 불과 메탄올, 휘발성이 큰 증류주를 다룬다는 것은 극도로 위험한 일이다. 무엇보다 중요한 점은 증류소를 차리기 위해선 반드시 정부의 허가가 있어야 한다는 점이다. 그러기 위해선 엄청나게 여러 종류의 허가증을 발급받고 자격증을 취득해야 하며, 이 중 하나라도 갖추지 못했다면 불법 증류로 간주된다.

CHAPTER 2

WHISKY
AROUND
THE
WORLD

세계의 위스키

10. 스코틀랜드 위스키

스코틀랜드 위스키는 다음의 5가지로 분류할 수 있다.

1. **싱글 몰트 위스키** 원료는 맥아(발아시킨 보리)이며, 이를 구리 항아리 증류기(Pot Still, 포트 스틸)에서 여러 단계에 걸쳐 증류한다. 싱글이란 단일 증류소에서 생산되었다는 뜻이다. 유명 브랜드로는 글렌피딕(Glenfiddich), 글렌리벳(Glenlivet), 맥캘란(Macallan), 라가불린(Lagavulin), 라프로익(Laphroaig), 오반(Oban) 등이 있다.

2. **싱글 그레인 위스키** 옥수수나 밀 같은 곡물이 원료이며, 9미터 높이의 컬럼 스틸(Column Still, 연속식 증류기)에서 연속적인 증류 과정을 거치며 소량의 맥아가 촉매제로 추가된다. 유명 브랜드는 노스 브리티시(North British), 블랙 배럴(Black Barrel), 카메론 브리그(Cameron Brig)가 있다.

3. **블렌디드 몰트 위스키** 여러 증류소에서 생산된 싱글 몰트를 혼합한 것이다. 블렌디드 몰트 위스키에는 그레인 위스키가 들어가지 않는다. 이런 위스키를 '숙성 몰트(Vatted Malt)' 또는 '순수 몰트(Pure Malt)'라고 부르기도 한다. 잘 알려진 브랜드로는 오디세이(Odyssey), 몽키 숄더(Monkey Shoulder), 조니 워커 그린 라벨(Johnnie Walker Green Label)이 있다.

4. **블렌디드 그레인 위스키** 여러 그레인 위스키를 혼합한 것이다. 스노우 그라우스(Snow Grouse)가 대표적이다. 스카치 위스키(스코틀랜드산 위스키)의 90%는 블렌디드 위스키이며, 스코틀랜드는 모든 스카치 위스키는 반드시 3년 이상의 오크통 숙성을 거쳐야 한다고 법으로 정해 놓았다.

5. **블렌디드 위스키** 복수 증류소에서 숙성된 몰트 위스키와 일정량의 숙성 그레인 위스키를 혼합한 것이다. 이 두 종류 위스키의 혼합 비율은 브랜드마다 다르다. 더 페이머스 그라우스(The Famous Grouse), 조니 워커(Johnnie Walker), 발렌타인(Ballantine's), 시바스 리갈(Chivas Regal), 블랙 보틀(Black Bottle), 듀어스(Dewar's) 등이 유명하다.

에일린 도난성은 스카이섬의 탈리스커 증류소를 방문하는 위스키 팬들의
전설적인 랜드마크이다.

11. 아일랜드 위스키

아일랜드 사람들은 주로 블렌디드 위스키를 만드는데, 컬럼 스틸뿐 아니라 포트 스틸도 사용한다. 대표적인 아일랜드 위스키로는 제임슨(Jameson), 패디(Paddy)가 있다. 아일랜드공화국에서는 티어코넬(Tyrconnell)과 코네마라(Connemara) 같은 싱글 몰트를 생산한다. 아일랜드가 원조인 싱글 포트 스틸 위스키로는 레드브레스트(Redbreast)와 그린 스팟(Green Spot)이 있다. 이 위스키는 맥아와 발아하지 않은 보리를 혼합하여 구리 포트 스틸에서 증류한다. 그레인 위스키는 거의 제조되지 않지만 킬베간(Kilbeggan)처럼 블렌디드 위스키와 싱글 그레인 위스키를 모두 생산하는 예외적인 브랜드도 있다. 그레인 위스키와 싱글 포트 스틸 위스키를 혼합하면 독특한 풍미가 생기는데, 대표적인 제품이 탈라모어 듀(Tullamore Dew)이다.

북아일랜드에서는 블랙 부시(Black Bush) 같은 블렌디드와 부시밀즈(Bushmills) 같은 싱글 몰트가 모두 생산된다. 몇 해 전부터 북아일랜드와 아일랜드공화국의 증류소가 4곳에서 12곳 이상으로 증가했다. 이 업계에 새로 진입한 증류소는 대부분 더블린에 있는 틸링 위스키 증류소(Teeling Whisky Co.) 같은 크래프트 증류소(소규모 증류소)이다.

12. 미국 위스키

미국의 위스키는 '매시빌(Mash Bill)'이라고 부르는 원료 배합 비율에 따라 여러 곡물을 혼합해 만들며 증류소마다 독자적인 제조법이 있다. 주로 사용되는 곡물은 옥수수, 호밀, 밀과 발아한 맥아이다. 생산되는 5가지 위스키 종류는 다음과 같다.

1. **버번 위스키** 줄여서 '버번(Bourbon)'이라고도 부른다. 미국 전역에서 제조되지만 대부분은 켄터키주에서 생산된다. 주재료는 옥수수이며, 포 르지즈(Four Roses), 메이커스 마크(Maker's Mark), 와일드 터키(Wild Turkey), 짐 빔(Jim Beam)이 유명하다.

2. **테네시 위스키** 명칭 그대로 테네시주에서만 생산된다. 미국의 유일한 지역 특산 위스키이다. 유명 브랜드로 잭 대니얼스(Jack Daniel's), 조지 딕켈(George Dickel), 프리처드(Prichard's)가 있다.

3. **라이 위스키** 주로 켄터키주에서 생산되며 주원료는 상당량의 호밀기다. 올드 오버홀트(Old Overholt), 리튼하우스(Rittenhouse), 조지 티 스택(George T. Stagg), 사제락(Sazerac) 등이 유명하다.

4. **위트 위스키** 매시빌마다 비율은 다르지만 밀을 주원료로 한다. 제품 종류가 많지 않으며, 베른하임(Bernheim)이 대표적이다.

5. **콘 위스키** 원료의 80%가 옥수수이다.

    미국은 블렌디드 위스키도 생산하는데, 그레인 위스키에 버번이나 라이 위스키를 소량 첨가하여 맛을 낸다. 바톤(Barton)이 유명하다. 발아한 맥아만을 원료로 한 싱글 몰트 위스키가 마이크로 증류소(Micro Distillery)에서 내수용으로 소량 생산되기도 한다. 이런 트렌드가 전국적으로 확산하여 수많은 마이크로 증류소가 생겨났다. 수십 년 전 작은 규모의 맥주만 생산하는 마이크로 브루어리(Microbrewery) 수가 급증했던 때를 떠올리게 하는 현상이다. 이러한 마이크로 증류소 일부는 번창하겠지만, 상당수는 현금 흐름, 유동자산, 품질에 대한 소비자 인식 부족 등의 문제로 폐업하게 될 가능성이 크다.

13. 캐나다 위스키

캐나다 위스키는 제조시 포트 스틸과 컬럼 스틸을 모두 사용한다. 주재료는 옥수수, 밀, 호밀이며 '호밀'이 핵심 재료이다. 재료를 각각 별도의 증류와 숙성 과정을 거친 뒤 혼합하는 방식이다. 캐나다에서는 맛의 다양성을 위해 위스키에 10% 미만의 소량의 과실주를 첨가하는 것이 법적으로 허용된다. 유명 브랜드는 캐나디안 클럽(Canadian Club), 블랙 벨벳(Black Velvet), 크라운 로얄(Crown Royal) 등이다.

싱글 몰트 위스키는 틈새시장을 겨냥해 소량으로 생산되어 자국 시장에서만 소비된다. 미국처럼 캐나다에서도 소규모 크래프트 증류소가 증가하고 있으며, 글렌노라의 글렌 브레튼(Glen Breton)이 대표적인 브랜드이다.

14. 일본 위스키

일본은 스코틀랜드식 증류 방식을 따르며 여기에 약간의 개성을 가미했다. 처음에는 스카치 위스키를 대량 수입하여 일본에서 생산된 증류액에 혼합하는 방식이었다. 그 후 지난 25여 년 동안 일본에서 생산된 싱글 몰트와 블렌디드가 세계 시장을 강타했다. 이 제품들은 풍부한 향이 특징이다. 유명 브랜드로 니카(Nikka), 야마자키(Yamazaki), 하쿠슈(Hakushu), 히비키(Hibiki) 등이 있다.

옆 페이지 : 후지산은 후지고텐바 증류소의 수원이다.

15. 세계 어디서든 위스키 생산이 가능할까?

위스키는 곡물을 재배할 수 있고 효모와 깨끗한 물만 공급할 수 있다면 세계 어디서든 제조할 수 있다. 1980년대 후반 이후 전 세계적으로 위스키 판매가 꾸준히 성장해왔다. 대부분 가족 소유인 소규모 증류소와 양조장은 시류에 따라 그동안 주력 생산품이었던 슈냅스(Schnapps)와 진, 과일주, 보드카, 브랜디 외에 곡물 증류주를 생산하기 시작했다. 대부분 서유럽 국가들과 오스트레일리아를 비롯한 남태평양제도 일대의 국가들이 이 길을 걸었고, 심지어 대만도 위스키 제조 트렌드에 동참했다.

2000년대 초반 미국 전역에서 각 주 정부들은 엄격한 알코올 규제를 완화하기 시작했다. 소규모 양조업자들의 편의를 도모하기 위해서였다. 소규모 양조업자들이 주류 판매 허가를 좀 더 쉽게 획득하고 알코올 제품의 현장 소매 판매도 허용하는 내용이었다. 미국은 거의 모든 주에 마이크로 증류소가 있으며, 대부분 지역 내에서만 판매되고 있다. 모든 마이크로 증류소나 크래프트 증류소가 위스키를 생산하는 것은 아니다. 많은 증류소가 대용량(Bulk) 위스키를 병입해 자신들의 라벨을 붙여 판매한다. 지금까지도 미국에서 주요 위스키 생산 지역은 켄터키주와 테네시주이다.

16. 오스트레일리아 위스키

오스트레일리아는 지난 15년간 진정한 의미에서 위스키 부활이 일어났다. 1세기가 넘는 동안 오스트레일리아, 뉴질랜드 등지에서는 단 한 방울의 위스키도 생산되지 않았으나, 오늘날 태즈메이니아는 라크(Lark), 헬리어스 로드(Hellyers Road), 호바트(Hobart), 베이커리 힐(Bakery Hill), 난트(Nant), 설리반스 코브(Sullivans Cove), 오브레임(Overeem) 등 유명한 크래프트 증류소의 명소가 되었다. 여기에서 생산된 위스키는 주로 오스트레일리아 내에서 소비되지만 다른 나라에서 만나기도 한다.

17. 오스트리아 위스키

오스트리아 위스키 증류의 선구자는 1995년 로겐라이트에서 위스키 제조를 시작한 존 하이더(John Heider)이다. 라이셋바우어(Reisetbauer)도 같은 해에 생산을 시작했다. 이후 주요 증류소 2곳이 등장했는데 베우츠 증류소(Destillerie Weutz)와 올드 레이븐(Old Raven)이다. 그 밖에도 위스키를 소규모로 생산하는 마이크로 증류소가 폭발적으로 증가했다.

18. 벨기에 위스키

리에주에서 생산되는 벨지언 아울(Belgian Owl)이 벨기에에서 가장 유명한 위스키이다. 그 외에 진 제조사인 필리어스(Filliers)에서 생산하는 위스키 골드리(Goldlys)도 널리 알려져 있다. 그보다 작은 규모의 증류소 라더마허(Radermacher)와 구덴 카롤루스(Gouden Carolus)가 있다.

The **Belgian Owl**

Belgian Single Malt Whisky

19. 체코 위스키

체코의 위스키 생산 역사는 짧지 않지만 생산량은 대부분 자국에서 소비된다. 골드 콕(Gold Cock) 증류소는 1877년 이래 2가지 스타일의 위스키를 생산해왔다. 이 제품들은 해외에서는 거의 보기 힘들지만 가끔 몰트스톡(Maltstock)에 선보이기도 한다.

20. 덴마크 위스키

덴마크의 대표적인 위스키는 코펜하겐의 브라운스타인(Braunstein), 기브의 페리 로한(Fary Lochan), 스키에른의 스타우닝(Stauning)이다. 몇 해 전 주류 업계의 거물 디아지오가 약 1,300만 달러를 스타우닝에 투자하면서 이들 바이킹의 후예가 미래 주류 시장에서 상당한 경쟁력을 갖추게 될 거라는 기대를 보여주었다. 반면, 양조장에서 성장한 기업인 브라운스타인은 서서히 수출 시장을 정복하고 있다.

> "세상에 나쁜 위스키는 없다.
> 그저 다른 위스키보다
> 덜 좋은 위스키가 있을 뿐."
>
> 레이몬드 챈들러 Raymond Chandler

21. 네덜란드 위스키

네덜란드에는 2곳의 상업 증류소가 있다. 하나는 볼스바르트 북부의 역사가 긴 마을에 위치한 우스 하이트*(Us Heit) 증류소로, 프리스크 하인더(Frysk Hynder, '프리지아의 말'이라는 뜻)라는 싱글 몰트를 생산한다. 두 번째는 벨기에에 둘러싸인 남부 국경 도시 바를러 나사우에 있는 자이담(Zuidam) 증류소이다. 자이담은 1970년대 예네버르(네덜란드 진)를 시작으로 과일 리큐어와 보드카 생산으로 확장했다. 그리고 1999년 위스키 증류를 시작해 현재 밀스톤(Millstone) 브랜드로 싱글 몰트와 라이 위스키를 생산하고 있다. 네덜란드에는 이 두 증류소 외에도 전국적으로 수많은 소형 증류소가 있다. 그중 이름이 알려진 곳은 다음과 같다. 서유럽에서 유일하게 소유주와 마스터 디스틸러(증류 책임자)가 여성인 칼크비트(Kalkwijck) 증류소와 에르베 스쿨테(Erve Sculte), 캄펜(Kampen), 에이스보겔(Ijsvogel), 프론크트회르(Pronckheur) 증류소 등이 있다.

22. 잉글랜드 위스키

알프레드 바너드가 1887년 출판한 자신의 걸작 《The Whisky Distilleries of the United Kingdom》에서 호황을 누리고 있는 10개의 증류소를 언급했는데, 그중 리버풀의 복스홀(Vauxhall)과 뱅크 홀(Bank Hall), 브리스톨의 브리스톨(Bristol), 런던의 레아 밸리(Lea Valley), 이 4곳이 주요 증류소였다. 이들 증류소는 오래전 폐업하면서 잉글랜드는 한 세기가 넘도록 싱

---

* 우스 하이트(Us Heit) : 유럽 북서부 프리지아 지방의 전통 언어인 프리지아어로 '우리 아버지'라는 뜻이다.

글 몰트 위스키를 생산하는 증류소가 하나도 없었다. 2006년 넬스트롭 가문이 노퍽에 세인트 조지스(St. George's) 증류소를 세우면서 상황이 달라졌다. 그리고 몇 해 전부터 사우스월드의 애드넘즈(Adnams), 런던 디스틸러리 컴퍼니(London Distillery Company), 컴브리아의 레이크(Lakes), 콘월의 힉스 앤 힐리(Hicks & Healey) 등 몇몇 증류소가 이 대열에 합류했다.

23. 핀란드 위스키

핀란드는 1950년대에 위스키를 만들기 시작했지만 병에 담긴 제품이 출시된 건 1980년대에 들어서였다. 하지만 그다지 성공을 거두지 못하고 1995년 공장은 문을 닫았다. 그로부터 7년 후에 한 증류소에서 티렌펠리(Teerenpeli)가 탄생했고, 2014년 쿠로(Kyrö)가 그 뒤를 이었다.

24. 프랑스 위스키

프랑스에서 가장 오래되고 유명한 위스키 증류소는 1999년 장 도네(Jean Donnay)가 브르타뉴에 세운 글랑 아르 모르(Glann Ar Mor)이다. 장과 그의 아내는 스코틀랜드의 아일러섬에 가트브렉(Gartbreck) 증류소도 설립했다. 그 밖에 프랑스의 위스키 증류소는 바렁겜(Warenghem), 데메니르(Des Menhirs), 메이예르(Meyer), 도멘느 데조트글라스(Domaine Des Hautes Glaces), 기용(Guillon), 브렌느(Brenne) 등이 있다.

25. 독일 위스키

독일에는 작은 크래프트 증류소가 매우 많으며, 저마다 과일과 곡물을 이용한 증류주를 생산한다. 그중 가장 역사가 오래된 곳은 1818년 에어벤도르프에 세워진 슈라믈(Schraml)이다. 위스키가 인기를 얻으면서 아주 작은 규모의 증류소조차 시장 내 입지를 마련하려 애쓰고 있다. 독일에서 증류되는 거의 모든 위스키는 현지에서 소비된다. 유명 브랜드는 에골샤임의 블라우에 마우스(Blaue Maus), 슐리어제의 슬뤼르스(Slyrs), 넬링겐의 핀슈(Finch), 바트 쾨츠팅의 리블(Liebl) 등이다.

위 : 독일 슐리어제에 있는 슬뤼르스 증류소.
옆 페이지 : 이탈리아 글로렌자에 위치한 푸니 증류소.

26. 아이슬란드 위스키

아이슬란드의 기온이 보리가 자랄 수 있을 만큼 온화했던 때는 지난 20년에 불과했다. 반면에 감자는 늘 잘 자랐기에 이를 증류해 술로 만들었지만. 이 증류주를 위스키라고 할 수는 없었다. 최근의 기후 변화로 2009년 이래 아이슬란드는 플로키(Flóki)라는 정통 위스키를 생산하고 있다.

27. 이탈리아 위스키

수십 년 동안 이탈리아는 스코틀랜드로부터 많은 양의 몰트 위스키를 수입해왔다. 이탈리아인들의 스카치 위스키 사랑은 이탈리아 주류 기업 캄파리(Campari)가 스페이사이드에서 생산하고 있는 인기 높은 스카치 위스키 글렌 그란트(Glen Grant)를 소유하고 있다는 데서 고스란히 드러난다. 2010년 이래 이탈리아는 남부 티롤 지방에 위치한 푸니(Puni) 증류소에서 자체 위스키를 생산하고 있으며, 이 증류소는 특이한 정육면체 모양의 건물로도 유명하다.

28. 노르웨이 위스키

노르웨이에서는 증류주 제조가 오랫동안 국가 독점 사업이었다. 그러다 2009년 민영화되어 아쿠아비트(Aquavit, 스칸디나비아 지역에서 즐겨 마시는 감자를 주재료로 한 증류주)와 보드카의 대규모 생산 업체인 아르쿠스(Arcus)가 맡게 되었다. 아르쿠스 증류소는 즉시 새로운 사업에 착수해 이제 다양한 스타일의 기올라이드(Gjoleid) 위스키를 생산하고 있다.

29. 남아프리카공화국 위스키

스코틀랜드 증류소인 토버모리(Tobermory), 부나하벤(Bunnahabhain), 딘스톤(Deanston)을 소유한 디스텔 그룹의 제임스 세즈윅(James Sedgwick)이 수년 동안 웰링턴에서 두 종류의 위스키를 생산하고 있다. 베인즈(Bain's)라는 그레인 위스키와 쓰리 십스(Three Ships)라는 10년 숙성한 싱글 몰트 위스키이다. 이보다 규모가 작은 증류소인 프리토리아의 드라이맨즈(Drayman's)는 드라이맨즈 하이벨드(Drayman's Highveld) 위스키를 생산한다. 소유주인 모리츠 칼메이어는 1990년 맥주 집에 딸린 맥주 양조장에서 시작해 이후 위스키를 전문으로 제조하였다.

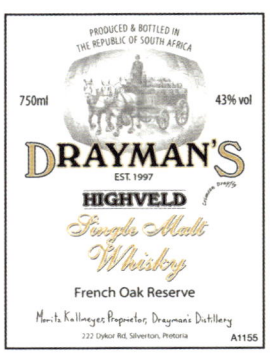

30. 남아메리카 위스키

남아메리카 대륙의 사람들이 스카치 위스키를 마셔온 역사는 100년
이 넘는다. 브라질의 베라노폴리스에 위치한 유니온(Union) 증류
소에서 2008년부터 유니온 클럽(Union Club)이라는 싱글 몰트 위
스키를 생산하고 있다. 2011년에는 아르헨티나의 라스 골론드리
나스에 라 알라자나(La Alazana)라는 싱글 몰트 위스키를 생산하
는 증류소가 설립되었다.

31. 스페인 위스키

스페인은 스카치 위스키의 오랜 소비국이었다. 특히 싱글 몰트인 카듀(Cardhu)
는 코카콜라와 섞어 마시는 스페인 소비자들 사이에서 엄청난 인기를 끌었던
적이 있지만, 최근 들어 그 인기가 주춤해졌다. 현재 스페인에는 자체적으로
위스키를 생산하는 증류소가 2곳 있다. 그중 규모가 큰 곳은 크리안자 증류소
(Destilerias y Crianza, DYC)로 1963년에 설립되었다. 다른 하나인 엠브루조
(Embrujo)는 이보다 오래되었으며 규모
가 훨씬 작다. 스페인산 위스키는 이베
리아반도 밖에서는 거의 만나기 어렵다.

32. 스웨덴 위스키

스웨덴은 국제 위스키 업계에서 '성숙한 소비자'로 간주된다. 새로운 위스키가 출시되면 다른 나라보다 스웨덴에 먼저 소개되는데, 몇 년 전 더 페이머스 그라우스(The Famous Grouse)의 피트 처리된 버전인 더 블랙 그라우스(The Black Grouse)가 바로 그 경우였다. 하지만 스웨덴 사람들도 자체 위스키를 제조한다. 1999년 마크미라(Mackmyra)가 예블레에서 탄생해 현재는 서유럽 많은 나라에서 볼 수 있다. 그 뒤를 이어 박스(Box)와 스뫼겐(Smögen), 흐벤(Hven) 등이 인기를 얻고 있다.

스웨덴 북동부에 위치한 박스 증류소.

33. 스위스 위스키

1999년 스위스 정부가 마침내 위스키 증류 금지를 해제했다. 그 후로 몇 년 동안 아펜첼의 로허(Locher)가 샌티스 몰트(Säntis Malt)로 성공을 누려왔고, 2002년 설립된 랑엔탈의 랑아툰(Langatun)과 엘피겐의 위스키 캐슬(Whisky Castle)이 뒤를 잇고 있다. 법이 바뀐 후 스위스도 오스트리아, 독일과 마찬가지로 마이크로 증류소가 폭발적으로 증가했으며 대부분 자국 내에서 소비된다.

34. 타이완 위스키

타이완의 위스키 제조 역사는 짧지 않다. 2006년 킹카그룹이 타이완 최초로 위스키 증류소 카발란(Kavalan)을 설립했다. 여기에서 생산되는 위스키 킹 카(King Car), 솔리스트(Solist), 카발란(Kavalan)은 세계 시장에서 이름을 떨치기 시작했고 국제 대회에서 여러 상을 수상했다.

타이완의 카발란 증류소.

35. 터키 위스키

테켈(Tekel, 터키어로 '독점'이라는 뜻)이 이 나라의 유일한 증류소인데 완전히 정부에 의해 통제된다. 독점이라는 이름 그대로 터키에서 합법적으로 제조된 유일한 위스키이며 내수용으로만 판매되고 있다.

36. 웨일스 위스키

알프레드 바너드가 쓴 《Whisky Distilleries of the United Kingdom》에는 웨일스의 증류소에 대한 언급이 없다. 펜데린(Penderyn) 증류소는 아름다운 브레컨 비컨즈 국립공원에 둘러싸인 곳에 있으며, 지난 2000년에 설립되어 웨일스에서 사라진 증류주의 제조 기술을 100여 년 만에 복원했다고 말한다. 이곳에서 생산된 싱글 몰트는 대부분 마데이라(Madeira, 45도 이상에서 숙성된 주정강화 와인) 오크통에서 추가 숙성된 것으로 전 세계 시장에서 판매되고 있다.

37. 위스키도 와인처럼 원산지 통제 명칭이 있을까?

원산지 통제 명칭(AOC)은 와인의 재료인 포도가 재배된 장소를 명확히 밝히기 위해 법적으로 정의하고 보호되는 지리적 명칭이다. 이 제도는 정확하게 정의된 와인 산지를 기반으로 한다. 예를 들어 '샴페인(Champagne)'이라는 명칭은 포도와 생산물이 바로 그 지역, 샹파뉴 지방에서 나온 것에만 붙일 수 있다. 그렇지 않으면 스파클링 와인으로 분류된다.

위스키 세계에서도 원산지를 밝히는 것이 일반적인데, 위스키를 제조하고 숙성시킨 다음 병에 담는 곳을 대부분 원산지로 간주한다. 하지만 사용되는 곡물은 다른 지방, 심지어 다른 나라에서 수입해도 무방하다. 스코틀랜드 싱글 몰트 위스키의 라벨에는 원산지가 표시된 경우가 많다. 스카치위스키협회(SWA)는 하이랜드, 스페이사이드, 아일레이, 로우랜드, 캠벨타운으로 나누었고, 위스키 평론가들은 여러 섬 지방들도 그중 하나로 포함시킨다. 과거에는 이러한 원산지명이 위스키의 맛을 나타내는 지표로 사용되었지만, 오늘날은 위스키가 생산된 지역을 나타내는 지리적 지표 역할을 할 뿐이다. '스카치(Scotch)'라는 라벨은 스코틀랜드에서 증류, 숙성, 병입하고 블렌딩했을 때만 붙일 수 있다.

같은 맥락에서 버번은 미국에서 증류될 때만 '버번(Bourbon)'이라는 이름을 붙일 수 있다. 따라서 잭 대니얼스(Jack Daniel's)는 같은 주에서 생산되는 조지 딕켈(George Dickel), 프리처드(Prichard's)와 마찬가지로 '테네시 위스키(Tennessee Whisky)'로 분류된다. 아일랜드에서 생산된 것만 '아이리시 위스키(Irish Whisky)'로 불리며, 캐나다에서 증류된 것만 '캐나디안 위스키(Canadian Whisky)'로 불릴 수 있다. 반면에 일본 위스키(Japanese Whisky)는 100% 일본 위스키도 있고 스카치 위스키와 블렌딩된 것도 있다. 세계 나머지 국가에서는 라벨에 생산국이 표시되어 있다면 병에 든 위스키는 그 나라에서 생산된 것이어야 한다는 일반적인 법칙을 적용한다.

38. 위스키와 테루아

와인 업계에서 '테루아(Terroir)'라는 단어는 일반적으로 특정 포도가 재배되는 전체 자연환경을 설명한다. 반면, 위스키 업계에서는 이러한 개념이 거의 사용되지 않는다. 위스키는 생산되는 장소를 더 중시하는데, 현장의 미세한 기후가 숙성 과정에 영향을 미치기 때문이다. 그러므로 스카치 위스키(Scotch Whisky)라고 해서 반드시 스코틀랜드에서 재배된 곡물을 사용할 필요는 없다. 시장가를 결정하는 요소는 보통 곡물의 구매가이다. 스카치 위스키에 사용되는 맥아는 잉글랜드를 비롯해 캐나다와 오스트레일리아에서도 수입한다. 그렇지만 스코틀랜드의 맥캘란(Macallan)과 브룩라디(Bruichladdich), 네덜란드의 이스트무어(Eastmoor)처럼 해당 지역에서 재배된 맥아로 위스키를 만드는 증류소도 있다.

옆 페이지 : 스코틀랜드 스페이사이드 지방 로시스 근처의 보리밭.

CHAPTER 3

FROM GRAIN TO GLASS

곡물이 위스키 잔에 담기기까지

MALT WHISKY
몰트 위스키

몰트 위스키 제조 과정

1. 보리 수확

2. 몰팅(Malting, 맥아 만들기)

3. 킬닝(Kilning, 맥아 건조)

4. 밀링(Milling, 맥아 분쇄)

5. 매싱(Mashing, 맥아즙 내기)

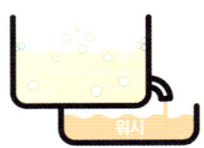

6. 발효(Fermenting)

7. 증류(Distilling)

8. 숙성(Maturing)

9. 병입(Bottling)

10. 시음(Tasting)

제조 과정에 대한 상세 정보는 다음을 참조한다.

1~8단계 : 39~116번 참조
9단계 : 191~220번 참조
10단계 : 222~250번 참조

39. 몰트 위스키는 어떻게 제조될까?

물과 보리, 효모(이스트), 에너지, 이 4가지가 몰트 위스키 생산에 필요한 재료이다. 재료는 단순하지만 공정은 맥아 몰팅(제조)와 킬닝(건조), 밀링(분쇄), 매싱(즙내기), 발효, 증류, 숙성, 병입까지 복잡한 과정을 거친다.

40. 위스키 제조에는 어떤 물을 사용할까?

위스키 제조의 모든 단계마다 다량의 물이 사용된다. 많은 증류소가 강이나 계곡 같은 수원지 근처에 위치하는 것은 수원지를 확보하기 위해서이다. 수원지에서 끌어와 위스키 생산에 실제로 사용하는 물은 '공정수'라 하고, 냉축기에 사용하며 증류액에 직접 투입되지 않는 물은 '냉각수'라고 부른다. 보통은 인근의 강에서 끌어오지만 근처 도시의 식수원을 사용하기도 한다.

41. 물은 위스키에 어떤 영향을 미칠까?

물은 위스키 생산에 많은 영향을 미치는 중요한 요소이다. 물의 특징을 결정 짓는 조건은 수원지와 토양의 상태이다. 모래나 석회암 같은 비교적 부드러운 토양을 흐르는 물은 바위투성이의 험준한 지형을 흘러온 물보다 더 많은 미네랄을 흡수한다. 각각의 토양마다 다른 미네랄이 함유되어 있는데, 예를 들어 스코틀랜드 스페이사이드 일부 지역에서 발견되는 화강암 토양은 매우 단단하고 미네랄이 다량 함유되어 있지 않아 물이 맑고 부드럽다. 반면에 하이랜드 북부의 테인 인근 지역의 물은 탄산칼슘으로 구성된 퇴적암인 석회암을 통과해 표면으로 올라오는 경수이다. 아일레이섬의 토양은 부식한 해초와 물이끼의 유기물이 쌓여 형성된 피트 퇴적층으로, 페놀을 방출한다. 페놀은 위스키의 스모키한 맛을 내는 화합물이다(자세한 내용은 46번, 47번 참조). 하지만 위스키 최종 결과물에는 물에 함유된 페놀이 큰 영향을 미치지는 않는다. 물에 함유된 미네랄은 발효 단계에만 영향을 미친다. 병입 단계에서 위스키가 미네랄 성분을 제거한 물로 희석되기 때문에 최종 제품의 맛에 영향을 주지 않는 것이다.

42. 위스키에는 어떤 곡물이 사용될까?

위스키의 풍미를 내는 데 가장 중요한 곡물은 바로 '보리'이다. 따라서 능부와 증류업자 모두 보리의 품종 개량에 지속적인 노력을 기울여 왔는데, 둘의 관심사는 서로 다르다. 농부는 단위 면적당 수확량, 증류업자는 보리 1톤에서 얻을 수 있는 알코올 생산량에 집중한다. 보리는 곰팡이에 매우 취약하다. 이전에 저항력이 있었던 품종 또한 곰팡이에 취약해서 새로운 품종 개발이 계속 진행 중이다. 유명한 보리 품종은 골든 프로미스(Golden Promise), 딘스트럴(Minstrel), 콘서토(Concerto), 옵티멈(Optimum) 등이다.

"하이랜드 지방 사람들이 좋아하는 것이 두 가지 있다.
하나는 솔직함(NAKED)고,
다른 하나는 몰트 위스키(MALT WHISKY)이다."

로버트 브루스 록허트 경 Sir Robert Bruce Lockhart

43. 보리의 생산지는 어디일까?

일반적으로 보리의 품종과 원산지는 최종 생산품에 영향을 미치지 않는다. 그러니 스카치 위스키라고 해서 반드시 스코틀랜드산 보리를 사용해서 증류할 필요는 없다는 뜻이다. 스카치 위스키 제조에 사용되는 보리 대부분은 잉글랜드, 캐나다, 유럽 각국이나 오스트레일리아에서 수입된다. 곡물을 어디에서 수입할지 결정하는 가장 큰 요인은 가격이다. 공급업자들은 보리를 납품할 때 증류업자의 기준에 따라 보리 1톤당 예상 알코올 생산량을 구체적으로 명시해야 한다.

브룩라디(Bruichladdich), 벤로막 (Benromach), 맥캘란(Macallan) 같은 일부 증류소는 보리의 원산지에 예민하기 때문에 현지에서 생산한 보리를 사용한다. 보리는 먼저 맥아로 싹을 틔우는 과정(몰팅)을 거쳐야 하는데 보통 1주일 정도 소요된다. 이 시기의 보리는 '녹맥아(Green Malt)'라고 불리며 녹말 성분이 당분으로 바뀐다. 이 당분이 이후 증류 과정에서 알코올이 되는 것이다.

보리의 생산지는 크게 중요하지 않다. 반드시 위스키가 증류되는 국가에서 생산된 것이어야 할 필요는 없다.

44. 몰팅이란?

몰팅(Malting)은 위스키 제조에 들어가기 전에 보리를 맥아(발아시킨 보리)로 만드는 과정이다. 먼저 보리를 2~3일 동안 큰 철제 수조에 담가둔다. 이때 곡물이 부드럽고 끈적해지면서 발아하기 시작한다. 곡물 알갱이에서 작은 싹이 트면서 효소가 나와 곡물의 녹말 성분을 당분의 일종인 말토스로 바꾼다. 다음으로 곡물을 바닥에 펼쳐 놓고 싹을 틔우는데 균일하게 발아하도록 규칙적으로 뒤섞어 준다. 일부 증류소는 쉴(Shiel)이라는 나무 삽이나 소형 잔디깎이 기계 같은 전동 장비로 맥아를 수동으로 섞는다. 이러한 전통적인 방식은 상당한 노동이 필요한 작업으로 오늘날에는 대부분 기계화되고 중앙 집중화되었다. 보리 대부분은 스코틀랜드에 있는 대형 맥아 제조 공장에서 처리되며 이 공장에서는 공정에 원심 분리기를 사용한다.

담금 탱크 가장자리에서 발아하기 시작한 보리. 이 수조에 보리를 담갔다가 바닥에 펼쳐서 싹을 틔운다.

45. 킬닝이란?

킬닝(Kilning)은 발아가 끝난 보리를 건조시키는 과정을 말한다. 이 작업은 건조 오븐이나 가마의 뜨거운 열을 이용해 이루어진다. 이때 발생하는 연기 처리가 문제였는데, 19세기 건축가 찰스 도이그(Charles Doig)가 환풍구 역할을 하는 파고다루프(Pagoda Roof)를 개발해 공기의 흐름을 원활하게 함으로써 이 문제를 혁신적으로 개선했다. 오늘날 대부분의 증류소는 정확한 사양에 따라 대형 맥아 제조 공장에서 발아시킨 보리를 구입해 사용하지만, 과거에 사용했던 가마 위에 솟은 파고다루프는 스코틀랜드 전역에서 볼 수 있었다.

좌 : 아일레이섬 맥아 제조 공장의 산업용 드럼.
우 : 보모어 증류소에서는 여전히 맥아를 수작업으로 섞는다.

46. 피트 연기는 맥아에 어떤 영향을 미칠까?

가마에 불을 피울 때 피트(Peat, 4번 주석 참조)를 사용하면 위스키는 독특하고 스모키한 풍미를 갖게 된다. 증류사는 맛의 일관성을 유지하기 위해 맥아를 건조할 때 사용되는 피트의 수치를 정확히 지정한다. 피트 처리 정도가 다양한 맥아를 구매할 수 있기 때문에 같은 증류기에서도 피트 처리 되지 않은 것부터 강하게 피트 처리된 것까지 여러 종류의 위스키를 생산할 수 있다. 따라서 위스키의 스모키 향은 피트가 함유된 물이 아닌 몰팅 과정 중 가마에서 피트가 연소되면서 향이 배어든 것이다.

좌 : 탑 모양의 파고다루프가 있는 애버펠디 증류소의 오래된 가마.
우 : 하이랜드 파크 증류소의 가마에서 타고 있는 피트.

47. 페놀이란?

페놀(Phenol) 수치는 전체 100만 개의 분자에 페놀이 얼마나 녹아 있는지를 ppm으로 표시한 것이며, 원하는 정도가 맥아의 사양에 명시되어 있다. 페놀은 피트 연기와 보리에서 발견되는 유기 화합물이다. 알코올과 유사한 방향성(Aromatic) 물질로, '석탄산'이라고도 불린다. 피트 연기에는 특정한 향을 내는 9가지 종류의 페놀이 함유되어 있다. 피트의 산지도 중요하다. 예를 들어 스코틀랜드 오크니섬에서 생산되는 하이랜드 파크(Highland Park)의 피트는 아일레이섬에서 생산된 라가불린(Lagavulin)의 피트와는 확연히 다른 특징을 가진다.

48. 맥아를 밀링(분쇄)하는 이유는 무엇일까?

증류소에 가면 큰 체에 맥아를 넣고 돌이나 부스러기를 거른 뒤 갈아서 '그리스트(Grist)'라고 불리는 거친 가루로 만든다. 이는 다음 단계인 매싱(즙내기)이 잘 되도록 하기 위한 필수 과정이다.

토버모리 증류소의 맥아 제분기
(아일 오브 멀 소재).

49. 매싱이란?

매싱(Mashing)은 매시턴(Mash Tun)이라는 커다란 통에 따뜻한 물을 담고 그리스트(분쇄한 맥아)와 섞는 작업이다. 물과 그리스트를 더한 것을 '매시(Mash)'라고 하며, 이를 거대한 기계 믹서로 계속 섞으면 걸쭉한 상태가 된다. 이때 그리스트의 말토스(엿당) 성분이 물에 녹아 얻게 되는 맥아즙은 '워트(Wort)'라고 부르며, 이 달콤한 액체를 매시턴에서 따라낸 뒤 식히면 다음 단계인 발효로 넘어갈 준비가 된 것이다.

매시턴은 이렇게 뚜껑이 닫힌 용기이다(아드모어 증류소).

50. 매시턴이란?

매시턴(Mash Tun)은 '당화조'라고도 하며, 주철이나 스테인리스 스틸로 만든 양조 용기를 말한다. 이 안에 그리스트와 따뜻한 물을 넣고 섞는다. 바닥은 열고 닫을 수 있는 체 형태인데, 바닥을 열면 잔여물은 매시턴에 남은 채 액체만 언더백으로 흘러 들어간다(53번 참조).

51. 언더백이란?

언더백(Underback)은 매시턴의 체에서 여과된 워트를 담아두는 임시 보관통이다. 워시백(발효조)으로 흘러가기 전 액체가 담기는 통(54번 참조)으로, 두 번째 짜내는 워트도 언더백에 담긴다.

52. 매싱 과정에서 물은 어떤 영향을 미칠까?

매싱을 위해서는 대량의 물이 필요하다. 맥아즙을 최대한 추출하기 위해 두세 번의 추출 과정을 거치는데 사이클마다 수온이 다를 수 있다. 수질과 물에 함유된 성분이 이 단계에서 중요한 영향을 미치는데, 구리와 철 같은 미네랄이 너무 많으면 다음 단계인 발효 과정에서 문제가 생길 수 있다. 물의 산성 역시 매우 중요하여 발효 과정에서 화합물인 에스테르(Ester)의 형성에 영향을 미친다.

53. 드래프란?

드래프(Draff)는 매시턴에 남은 잔여물로, 소의 사료로 쓰인다. 위스키 증류는 어떤 면에서 '요람에서 요람으로' 원리를 보여준다. 드래프는 소의 먹이로써 먹이 사슬로 돌아가고, 소가 만들어 낸 거름은 보리가 자라는 토양을 풍요롭게 한다.

54. 워시백이란?

워시백(Washback)은 '발효조'를 말하며, 나무나 스테인리스 스틸로 만든다. 과거에는 모든 워시백을 나무, 그중에서도 오레곤소나무, 더글러스전나무, 시베리아낙엽송을 주로 사용해 만들었는데 매일 사용한다는 기준으로 50~60년 사용한 뒤 교체해야 했다. 오늘날 많은 증류소가 워시백을 스테인리스 스틸 소재로 바꾸었으며 더 경제적이고 유지 관리와 청소가 용이해졌다.

작업 중인 매시턴. 매시를 젓는 믹서가 눈에 띈다(딘스톤 증류소).

55. 나무 워시백 vs 스테인리스 스틸 워시백

나무 워시백에서 스테인리스 스틸 워시백으로 바꾼 증류업자들은 대부분 위스키 맛에는 영향을 주지 않는다고 말한다. 하지만 여전히 전통적인 나무 워시백을 고수하는 사람들은 분명 영향이 있다고 주장한다. 워시백은 매 사이클마다 고압 증기와 뜨거운 물로 세척되지만, 나무 워시백에 미생물이 남아 있을 가능성이 있으며 이는 최종 생산물에 맛을 더한다는 것이다.

좌 : 나무 워시백(글렌로시스 증류소).
우 : 스테인리스 워시백(토마틴 증류소).

56. 발효란 무엇일까?

발효는 '효모화'라고도 하며, 미생물을 통해 액체의 화학적 구조를 바꾸는 것이다. 효모는 산소를 먹이로 하는 단세포 곰팡이로 증식 속도가 매우 빠르다. 이러한 작용을 '산소 발효(Aerobic Fermentation)'라고 한다. 효모는 당분을 알코올과 이산화탄소로도 바꿀 수 있는데, 이는 '무산소 발효(Anaerobic Fermentation)'라고 한다. 효모와 글루코스(포도당) 간의 무산소 발효 작용은 $C_6H_{12}O_6$(포도당) → $2C_2H_5OH$(에탄올) + $2CO_2$의 공식으로 표현되며, 이것이 바로 위스키를 만들어내는 데 적용되는 발효 과정이다. 효모가 워시백에 담긴 워트에 첨가되면 이 액체가 부글부글 거품을 내기 시작하면서 당분이 이산화탄소와 알코올로 변환된다. 맥아의 산 성분이 화학 반응을 통해 에스테르와 알데히드를 생성하며 우리는 이것을 과일과 꽃향기로 인식하게 된다.

거품이 생긴 워시백(애버펠디 증류소).

57. 효모는 맛에 어떤 영향을 미칠까?

효모 자체는 최종 생산품의 맛이나 향에 직접적인 영향을 미치지 않는다. 맛은 발효 과정 중에 형성되며, 꽃과 과일을 연상시키는 향은 여러 에스테르의 조합에서 만들어진다. 예를 들어 아세트산 펜틸은 독특한 바나나 향을 내고, 아세트산 이소펜틸은 배 향을 내는 것으로 알려져 있다.

58. 발효 과정에 어떤 효모가 사용될까?

초창기에 발효는 자연과 사람, 동식물에서 자유롭게 생장하는 곰팡이가 촉진하는 자연발생적 과정이었다. 하지만 세월이 흐르며 제빵사, 맥주 양조사, 증류사를 위한 전용 효모 균주가 개발되었다. 처음에는 이 3가지 종류가 모두

위스키 제조에 사용되었으나, 점차 증류사 전용 효모만 사용하는 것으로 전환되었다. 가장 널리 사용되는 증류용 이스트는 마우리(Mauri), 퀘스트(Quest), 케리(Kerry)이다. 몇몇 크래프트 증류소에서는 여전히 맥주 양조용이나 제빵용 효모를 사용하기도 한다.

59. 증류소는 어디에서 효모를 공급받을까?

전 세계 증류소는 효모를 전문 효모 생산 공장에서 공급받는데, 미국 증류소는 대부분 효모 균주를 증류소 부지에서 키운다. 미국 증류사들은 위스키 하나에 여러 종의 효모를 사용하는 경우가 적지 않다. 5종 이상의 효모 균주가 사용된 스트레이트 버번인 포 로지즈(Four Roses)가 대표적이다. 하지만 세계 대부분 증류소는 한 종류의 효모 균주만 사용한다.

60. 발효는 얼마나 오래 걸릴까?

발효 과정은 증류소마다 다르다. 일반적으로는 최소 48시간이지만 60~70시간도 드문 경우는 아니다. 발효 주기를 100시간으로 하는 증류사들도 있다. 발효 시간은 위스키의 맛과 향에 영향을 미치는데, 시간이 지날수록 에스테르가 더 많이 생성되기 때문이다. 하지만 발효가 지나치게 길어지면 박테리아가 생겨 원하지 않는 맛과 부티르산(Butyric Acid) 같은 향을 낼 수도 있다. 발효가 끝난 뒤 남은 액체는 '워시(Wash)'라고 부른다.

61. 워시란?

워시(Wash)는 발효 과정에서 워시백에 남은 액체이다. 알코올 도수(ABV, 204번 참조) 7~9% 정도의 독한 맥주와 비슷하며, 증류 준비된 포트 스틸로 옮겨진다.

62. 워시 스틸이란?

증류기가 1차와 2차로 나눠진 경우, 1차 증류기를 '워시 스틸(Wash Still)', 2차 증류기를 '스피릿 스틸(Spirit Still)'이라고 한다. 증류기 목 부분의 창을 통해 얼마나 빠르게 가열되는지 모니터링할 수 있다. 워시 스틸에서 나오는 증류액은 '로우 와인(Low Wine)'이라고 부른다.

63. 포트 스틸이란?

포트 스틸(Pot Still)은 워시를 증류하는 데 사용되는 크고 무거운 구리 솥을 가리킨다. 전통적으로 증류소마다 고유 모양의 증류기를 갖고 있으며, 그 모양은 맛에 영향을 미친다. 포트 스틸의 기본 형태는 양파형, 랜턴형, 서양배형으로 3가지가 있다.

우 : 양파형 포트 스틸(보모어 증류소).
옆 페이지 : 랜턴형 포트 스틸
　　　　　　(쥐라 증류소), 서양배형
　　　　　　포트 스틸(라가불린 증류소).

64. 포트 스틸은 어떻게 작동될까?

맥주와 비슷한 알코올성 액체인 워시를 담은 스틸이 직간접적으로 가열된다. 알코올의 끓는점은 물보다 낮고 알코올의 증기는 스틸의 목 부분으로 올라가 응축기(Condenser, 웜터브나 쉘앤튜브 형태 중 하나임. 73번 참조)로 들어간다. 증기는 ABV 22% 정도의 알코올을 포함한 기름진 액체로 응축된다. 이 액체는 스피릿 스틸이라는 더 작은 용기로 펌핑되어 두 번째 증류에서는 컷(Cut) 과정을 거치며 초류(Foreshots 또는 Heads), 중류(Middle Cut), 후류(Feints 또는 Tails)로 분리된다. 위스키 제조에 적당한 것은 '중류'뿐이다.

65. 스피릿 스틸이란?

스피릿 스틸(Spirit Still)은 2차 증류에 사용되는 증류기이며, 이 과정에서 알코올 도수가 더 높아진다. 워시 스틸의 증류액(Low Wine, 로우 와인)으로 채워져 있다가 가열과 응축 과정 동안 이 액체는 증류 장치인 스피릿 세이프(Spirit Safe)를 통과해 초류, 중류, 후류로 분리된다.

66. 정류기란?

정류기(Purifier)는 환류를 촉진하기 위해 증류기에 연결된 장치이다(70번 참조).

67. 라인 암이란?

라인 암(Lyne Arm)은 '라이 파이프(Lye Pipe)'라고도 하며, 증류기 목과 응축기를 연결하는 장치이다. 연결 각도는 90도 전후로 다양하며 증류액에 영향을 미친다.

68. 스완 넥이란?

스완 넥(Swan Neck)은 증류기의 밑부분과 라인 암을 연결하는 부분이며, 그 길이가 길수록 증류액은 가벼워진다. 글렌모렌지 증류기는 목이 길어서 '기린'이라는 별명이 붙었다. 맥캘란 증류기는 목이 짧고 땅딸해서 더 묵직한 증류액을 만들어낸다. 가볍고 무겁다는 것은 위스키의 품질이 아닌 스타일을 표현하는 것이다.

69. 보일 볼이란?

보일 볼(Boil Ball)은 증류기의 목 아래쪽 부분으로 환류를 촉진한다(70번 참조).

증류기의 기관 : ①정류기, ②라인 암, ③스완 넥, ④보일 볼

70. 환류란?

환류(Reflux)는 특정 알코올 증기가 응축기로 나가기 전에 증류기 내에서 응축되는 과정이다. 이 증기는 다시 액체 상태로 돌아와 증류기로 떨어져 다시 증류되는 것이다. 환류는 증류액의 섬세한 차이를 만들어낸다.

71. 포트 스틸의 모양은 왜 다를까?

시간이 흐르며 증류소는 각자 생산하는 증류주(Spirit)의 종류와 양에 따라 선호하는 증류기 형태를 확립했다. 그래서 증류기를 교체하더라도 구리 제조업자는 똑같은 모양의 새 증류기를 만든다. 증류기의 모양이 바뀐다는 것은 맛의 변화와 직결되기 때문이다.

72. 포트 스틸을 구리로 만드는 이유는 무엇일까?

구리는 몇 가지 특징이 있다. 첫째, 원하는 모양으로 주조하기 쉽다. 둘째, 구리는 공정에서 촉매제 역할을 하여 증류액 내 황화합물처럼 좋지 않은 성분을 걸러낸다. 셋째, 구리는 열전도율이 매우 좋다.

글렌모렌지 증류기와 맥캘란 증류기의 축소 모형.

73. 응축기란?

응축기(Condenser)는 증류기에서 올라온 알코올 증기를 냉각하는 역할을 한다. 오늘날은 2가지 방식이 주로 사용된다. 하나는 웜터브(Worm Tub)인데 나무나 철로 만든 커다란 용기 안에 구리 나선형 관이 차가운 물에 담겨 있는 형태이다. 증기가 이 나선형 관을 통해 아래로 내려가 액체로 응축된다. 웜터브는 전통적인 방식이며, 많은 증류소가 이와 반대로 작용하는 쉘앤튜브(Shell and Tube)형으로 전환했다. 증기가 기다란 기둥을 타고 올라가 차가운 물이 가득 채워진 구리 관을 통해 응축되는 방식이다. 2가지 모두 같은 역할을 하지만 그 종류에 따라 최종 단계의 위스키의 보디감과 풍미에 영향을 미친다.

전통식 웜터브 응축기(스카이섬의 탈리스커 증류소).

위 : 쉘앤튜브 응축기(토버모리 증류소).
아래 : 스피릿 세이프(보모어 증류소).

74. 직접 가열이란?

과거 대부분 포트 스틸은 직접 불 위에서 가열하였다. 그러나 지금은 보건 및 안전 규제에 따라 직접 가열(Direct Heating)이 금지되면서 스팀 가열 방식을 이용하는 쪽으로 전환되었다. 직접 가열 시 증류기 바닥 부분에는 캐러멜화가 일어나기도 하는데, 이 경우 교반기로 제거했다.

75. 교반기란?

교반기(Rummager)는 증류기의 바닥에 남아 있는 술지게미를 긁어내는 데 사용하는 체인이다.

76. 간접 가열이란?

간접 가열(Indirect Heating)은 포트 스틸의 증류기 내부 하단에 설치된 증기 코일이나 증기 팬을 이용해 간접적으로 가열하는 방법이다. 이런 방식을 택하면 바닥의 캐러멜화가 방지되고 증류 온도를 쉽게 모니터링하여 조절할 수 있다.

77. 스피릿 세이프란?

스피릿 세이프(Spirit Safe)는 2차 증류 과정 중 1차 증류된 증류액을 초류, 중류, 후류로 분리하는 장치이다(78~80번 참조). 일부 증류소에서는 이 과정이 자동화되어 있고 어떤 곳에서는 수동으로 하기도 한다. 이렇게 분리된 증류액 중 '중류'만 모아 숙성에 들어간다. 증류 책임자인 마스터 디스틸러(Master Distiller)는 온도계와 액체비중계로 증류액의 온도와 상대 밀도를 측정하여 초류, 중류, 후류의 컷팅 타이밍을 결정한다.

78. 초류란?

초류(Foreshots)는 2차 증류에서 초반에 나오는 높은 도수의 증류액을 말한다. 메탄올 같은 성분이 섞여 있어서 음용할 수 없다. 2차 증류 중 스피릿 세이프를 통해 분리되어 다음에 재증류된다.

79. 중류란?

중류(Middle Cut)는 2차 증류에서 중반에 나오는 ABV 60~70%의 증류액으로, '증류의 핵심(The Heart of the Run)'이라고 불린다. 중류는 스피릿 리시버라는 용기에 옮겨진 뒤 저장고(Filling Store)로 펌핑되어 오크통에 쏟아진다.

80. 후류란?

후류(Feints)는 2차 증류에서 후반에 나오는 증류액으로, ABV가 높은 알코올과 퓨젤유 등의 성분이 포함되어 있다. 위스키의 맛에 부정적인 영향을 미칠수 있어서 분리된 뒤 스피릿 스틸에서 재증류된다.

81. 후류 리시버란?

후류 리시버(Feints Receiver)는 재증류되기 전까지 후류액을 담아두는 큰 통이다.

82. 로우 와인 리시버란?

로우 와인 리시버(Low Wines Receiver)는 스피릿 스틸로 흘러가기 전 워시 스틸에서 증류된 증류액을 담아두는 통이다.

83. 뉴 메이크 스피릿이란?

뉴 메이크 스피릿(New Make Spirit)은 오크통에서 숙성 과정을 거치기 전의 갓 증류된 증류주로, ABV 63.5~70%의 무색 액체이다.

84. 스피릿 리시버란?

스피릿 리시버(Spirit Receiver)는 저장고로 흘러가기 전의 뉴 메이크 스피릿이 담겨 있는 통이다.

85. 포트 에일이란?

포트 에일(Pot Ale)은 증류 후 워시 스틸(Wash Still)에 남아 있는 찌꺼기를 말한다. 단백질이 풍부하여 소의 사료나 비료, 에너지 생산 원료로 사용된다.

86. 스펜트 리스란?

스펜트 리스(Spent Lees)는 증류 후 스피릿 스틸(Spirit Still)에 남아 있는 찌꺼기를 가리킨다. 더 이상 사용할 수 없으므로 오수 처리 공장에서 여과되어 근처 강으로 배출된다.

87. 트리플 증류란?

대부분의 몰트 위스키는 두 번 증류하는데, 오큰토션(Auchentoshan) 같은 소수의 예외도 있다. 로우랜드 지방에서 생산되는 이 술은 워시 스틸(Wash Still), 중간 단계 스틸(Intermediate Still), 스피릿 스틸(Spirit Still)의 세 단계로 증류한다. 그 결과 더 부드럽고 섬세한 증류액이 만들어진다. 캠벨타운에 위치한 스프링뱅크(Springbank) 증류소의 헤이즐번(Hazelburn) 역시 세 번 증류한 싱글 몰트이다. 아일랜드에서는 이처럼 세 번 증류하는 '트리플 증류(Triple Distillation)'가 더 일반적이다.

글래스고 서쪽에 위치한 오큰토션 증류소의 트리플 증류기.

88. 숙성 전 위스키의 알코올 도수는 어떻게 될까?

오크통에 증류주를 담는 작업은 저장고에서 이루어진다. 대부분의 몰트 위스키는 오크통에 담기기 전 탈염수를 이용해 ABV 63.5%로 희석한다.

89. 위스키는 얼마 동안 숙성시켜야 할까?

스카치 위스키는 법적으로 오크통에서 최소 3년은 숙성시켜야 한다. 3년이 지나야 위스키의 자격을 갖추는 셈이고, 그렇지 않은 것은 '뉴 메이크 스피릿(New Make Spirit)', 간단하게는 '스피릿(Spirit)'이라고 부른다. 많은 나라가 법적 규제에 상관없이 3년 숙성 규칙을 따르는데 미국과 캐나다는 다른 규칙을 적용한다.

90. 던니지 숙성 창고란?

던니지 숙성 창고(Dunnage Warehouse)
는 두꺼운 돌벽과 흙바닥으로 이루어진
1~2층짜리 전통식 창고이다. 한 층에
오크통을 눕힌 상태로 최대 3개 층으로
쌓을 수 있다. 현재는 이러한 전통식 숙
성 창고를 사용하는 증류소가 많지 않은
데, 주된 이유는 저장성 및 공간 활용성
이 떨어지기 때문이다. 스코틀랜드 스페
이사이드의 글렌파클라스(Glenfarclas)와
하일랜드의 발블레어(Balblair)에서 원형
이 잘 보존된 숙성 창고를 볼 수 있다.

위 : 발블레어의 던니지 숙성 창고. 위스키가 오크통에 담겨 숙성 중이다.
아래 : 발블레어 증류소.

91. 선반형 숙성 창고란?

선반형 숙성 창고(Racked Warehouse)는 한 줄에 15~20개의 오크통을 쌓을 수 있는 선반(Rack)이 설치되어 있는 현대식 숙성 창고이다. 직원들이 운반하기 쉽도록 대부분 오크통을 똑바로 세워 보관한다. 대다수 증류소는 증류소 내의 전통적인 던니지 숙성 창고의 운영을 중단하고, 중앙 병입 공장 근처의 선반형 숙성 창고로 오크통을 옮겨왔다. 스코틀랜드에서 생산되는 대부분의 위스키는 에든버러와 글래스고 사이에 있는 대형 창고에 보관된다.

좌 : 선반형 숙성 창고에 가로로 눕힌 상태로 쌓여 있는 오크통.
우 : 오크통은 세운 채로도 보관되는데, 아일랜드에서 주로 사용하는 방식이다.

92. 위스키는 반드시 나무 캐스크에서 숙성해야 할까?

위스키라면 반드시 나무 캐스크에서 숙성해야 한다. 이 과정을 거치지 않고 병입된 술은 위스키라고 할 수 없다. 대부분의 나라에서는 캐스크 제작에 오크만 허용한다고 명시해두었다. 나무의 특성이 위스키의 궁극적인 맛에 큰 영향을 미치기 때문이다.

93. 오크통에 사용되는 나무 품종은 무엇일까?

오크(Oak)는 참나무를 가리킨다. 스코틀랜드 위스키 업계는 오크통 제작에 주로 아메리칸오크와 유러피안오크를 사용하는데, 그중에서도 화이트오크(Quercus Alba), 로부르참나무(Quercus Robur), 겨울참나무(Quercus Petraea) 종을 사용한다. 몇 해 전 다른 종을 사용한 실험도 이루어져 일본에서는 토종인 미즈나라 오크(Quercus Mongolica)로 만든 오크통에서 숙성한 위스키를 생산하기도 한다.

94. 배럴이란?

배럴(Barrel)은 캐스크의 종류 중 하나로, 아메리칸 화이트오크로 만든 저장 용기이며 최대 200리터를 담을 수 있다. 거의 대부분의 미국산 위스키가 배럴통에서 숙성된다. 셰리 와인의 2차 숙성용을 비롯해 스코틀랜드 몰트 위스키 업계에서도 사용한다.

95. 오크통은 어떻게 만들까?

오크통(여기에서는 배럴 기준) 재료는 수령 80~90년의 오크이다. 양조에 적당

한 나무를 선택해 벌목하여 6개월 동안 야외에서 말린 뒤 나무의 수분 함유량
이 12% 정도 될 때까지 오븐에 넣어 건조시킨다. 그런 다음 나무를 둘로 쪼개
고, 각 부분을 다시 반으로 잘라 전부 네 조각으로 만든다. 각 조각은 오크통
의 누수 위험을 낮추기 위해 나무 테의 결을 살리며 4개의 널빤지로 절단한
다. 이렇게 만들어진 약 1미터 길이의 판자를 쿠퍼리지(Cooperage, 오크통 제
작소)로 옮겨 적당한 길이로 자른다. 이때 절단된 뚜껑과 바닥용 널빤지는 특
수 오븐에서 살짝 굽는다. 29~31개의 널빤지를 세워서 만든 오크통은 고리로
임시 고정한 뒤 스팀 처리하여 나무를 유연하게 만든다. 그런 다음 윈치로 바
짝 조여 유연한 철 띠로 만든 임시 후프를 끼운다. 통 내부는 굽고(Toasting,
토스팅) 태운다(Charring, 차링). 차링 작업까지 끝나면 통 내부를 가볍게 긁어
내고 뚜껑과 바닥도 끼운 뒤 식힌다.
통이 충분히 식으면 임시 후프를 제
거하고 정식 후프를 끼운다. 후프는
보통 총 6개 정도가 사용된다. 다음
으로 가장 넓은 널빤지에 주입구를
내고, 약 4리터의 물을 통에 붓고 고
무마개로 막은 뒤 압력을 가해 누수
여부를 점검한다. 그리고 생산 과정
의 마지막 단계에서 각 오크통의 품
질을 점검하고 누수 부분을 수리한다.

　미국에 3곳, 스코틀랜드에 2곳
의 대형 쿠퍼리지가 있으며, 스코틀
랜드와 아일랜드의 일부 증류소에서
는 자체 쿠퍼리지를 운영하기도 한다.

널빤지로 오크통의 형태를 만들고 있다
(켄터키주 루이빌의 블루그래스 쿠퍼리지).

96. 새 오크통을 토스팅하거나 차링하는 이유는 무엇일까?

오크통을 토스팅하거나 차링하면 나무속의 화합물이 우러나와 오크통에 담긴 위스키와 물리·화학적 상호 작용이 가능해진다. 전문가들은 이 과정을 통해 나무가 위스키의 향과 맛을 좌우하며 그 영향은 최소 60%에 달한다고 평가한다.

97. 아메리칸오크의 주요 특징은 무엇일까?

아메리칸오크는 바닐라, 시트러스, 코코넛 같은 달콤한 향과 더불어 육두구와 정향 같은 스파이시한 향을 낸다. 아메리칸오크는 성장 속도가 빨라 경제적이어서 세계의 많은 위스키가 아메리칸오크로 만든 오크통에서 숙성되고 있다.

98. 유러피안오크의 주요 특징은 무엇일까?

유러피안오크는 말린 과일이나 토피 같은 묵직한 향을 내며 위스키에 좀 더 짙은 색을 낸다.

99. 어떤 종류의 오크통을 사용할까?

위스키는 오크통 종류에 그리 예민하지 않다. 스코틀랜드 사람들은 버번, 셰리 와인, 포트 와인, 럼이 담겼던 오크통을 선호한다. 그리고 다음에서 언급한 바와 같이 오크통마다 다른 이름으로 불린다.

100. 버트란?

버트(Butt)는 500~600리터를 담을 수 있는 오크통이다. 주로 셰리 와인의 숙성용으로 사용하며 '셰리 버트(Sherry Butt)'라고도 한다.

101. 펀천이란?

펀천(Puncheon)의 용량은 버트와 비슷하지만 오크통의 높이가 더 낮고 넓다. 위스키 숙성 전에 주로 셰리 와인을 숙성하는 데 사용한다.

102. 혹스헤드란?

혹스헤드(Hogshead)는 배럴보다 조금 더 큰 오크통으로, 250리터를 담을 수 있다. 혹스헤드는 쿠퍼리지에서 제작해둔 기성품을 사용하거나 배럴에 널빤지를 몇 개 더 추가하고 뚜껑과 바닥을 교체해서 만들기도 한다. 위스키 숙성 전에 셰리 와인을 숙성하는 데 사용하기도 한다.

103. 포트 파이프란?

포트 파이프(Port Pipe)는 포트 와인을 숙성했던 오크통을 말한다. 일부 몰트 증류사들은 버번 배럴에서 몇 년 간 숙성한 뒤 다시 포트 파이프에서 추가 숙성하기도 한다. 다른 배럴에서 2차 숙성을 마무리하면(115번 참조) 맛과 향이 배가 되기 때문이다. 발베니 포트우드(Balvenie Portwood)와 글렌모렌지 퀸타 루반(Glenmorangie Quinta Ruban)은 포트 파이프에서 추가 숙성한 싱글 몰트의 좋은 예이다.

104. 쿼터 캐스크란?

쿼터 캐스크(Quarter Cask)는 더 이상 표준 크기로 간주되지 않는다. 원래 쿼터 캐스크는 버트의 1/4인 150리터 크기였으나 오늘날은 180리터 오크통을 이르기도 한다. 오크통이 작을수록 나무가 증류주에 미치는 영향이 커진다. 쿼터 캐스크는 큰 크기의 오크통보다 표면 대 부피 비율이 높기 때문에 숙성 속도를 높이기 위해 사용된다. 라프로익(Laphroaig) 증류소는 125리터 오크통에서 얼마 동안 숙성된 싱글 몰트 라인에 '쿼터 캐스크'라는 이름을 붙였다. 쿼터 캐스크는 버번 배럴과 높이는 같으나 둘레가 더 가늘다.

105. 버진 오크란?

버진 오크(Virgin Oak)는 이전에 어떤 액체류도 담지 않았던 새 오크통을 일컫는다. 최근 여러 싱글 몰트가 버진 오크에서 숙성되는데, 딘스톤 버진 오크(Deanston Virgin Oak)와 글렌 기리 버진 오크(Glen Garioch Virgin Oak)가 대표적인 예이다. 이런 타입의 싱글 몰트가 서서히 인기를 얻고 있는 추세이다. 전통적으로 오크통을 재사용하는 증류사들은 버진 오크가 증류주에 미치는 영향을 실험했는데, 새 오크통을 사용하면 색과 맛이 빠르게 방출되어 기존 위스키의 전통적인 맛에 변화를 줄 수 있다고 전했다.

106. 천사의 몫은 무엇을 뜻할까?

오크통은 숨을 쉬기 때문에 숙성 과정에서 내용물의 일부가 증발한다. 이렇게 통에서 매년 증발하는 액체의 비율을 '천사의 몫(Angel's Share)'이라고 부른다. 그 숫자는 창고가 위치한 지역에 따라 다른데, 스코틀랜드에서는 천사의 몫이 연간 1.5~2.5%인 반면 인도처럼 더운 지역에서는 12%에 달하기도 한다. 스코틀랜드는 상대적으로 기후와 습도가 온화하고 여름과 겨울의 기온 차가 크지 않아서 숙성 과정 동안 물보다 더 많은 알코올이 천사의 몫으로 증발하기 때문에 알코올의 비율이 서서히 감소한다.

107. 퍼스트 필 캐스크와 리필 캐스크는 무엇이 다를까?

퍼스트 필 캐스크(First Fill Cask)는 셰리 와인이나 버번 같은 다른 술의 저장용으로 사용되다가 처음으로 싱글 몰트 위스키를 채운 통이다. 두 번째부터는 리필 캐스크(Refill Cask)가 된다.

108. 오크통은 몇 번이나 사용할 수 있을까?

오크통에 사용되는 오크(참나무)는 수령 80년 이상은 되어야 적절한 두께와 다공성, 유연성을 갖춘 판자로 제작할 수 있다. 오크통은 숙성 주기와 저장 장소에 따라 두세 번 사용한다. 그러나 스트레이트 버번을 숙성하는 데는 항상 새 오크통을 사용해야 하는 규정이 있다. 그래서 사용된 오크통은 안을 긁어내고 다시 차링(Charring)하여 다른 술의 숙성에 재사용한다. 뚜껑과 바닥은 새 결로 교체된다. 스코틀랜드의 가장 큰 쿠퍼리지 중 하나인 스페이사이드(Speyside) 쿠퍼리지는 이러한 기술로 매년 많은 오크통을 되살려낸다.

사용했던 오크통을 차링 후 재조립하고 있다(스코틀랜드의 스페이사이드 쿠퍼리지).

109. 숙성 과정에서 어떤 일이 일어날까?

숙성 과정에서 오크통 안의 액체는 온도가 올라가면 팽창하고 온도가 내려가면 수축한다. 이와 같은 느린 맥동 운동으로 액체에 나무의 색과 향, 맛이 배게 된다. 새 오크통이라면 이전에 사용되었던 것보다 위스키에 더 진한 나무의 특징을 전할 것이다. 나무는 위스키의 맛과 양을 결정하고, 오크통 내부를 차링함으로써 불순물을 걸러내는 필터 효과도 있다.

110. 오크통 크기가 숙성 과정에 영향을 미칠까?

그렇다. 오크통 크기가 작을수록 위스키에 미치는 나무의 영향이 커진다. 이는 표면 대 부피 비율과 관계 있다. 쿼터 캐스크(125리터)에서 6년간 숙성된 위스키는 혹스헤드 캐스크(250리터)에 10년 숙성된 위스키만큼의 풍미가 생긴다.

111. 지리적 조건이 숙성에 영향을 줄까?

숙성은 창고의 지리적 위치뿐 아니라 창고 안의 자리와도 관계 있는데, 이러한 미세 기후가 숙성에 영향을 미치기 때문이다. 오크통이 창고에서 높은 위치에 보관될수록 온도가 높아져 나무와 액체 간 밀도 높은 상호작용이 일어난다. 연중 기온 변화가 크지 않은 스코틀랜드에서는 창고 안의 온도가 비교적 안정적으로 유지되는 반면, 켄터키주나 인도는 계절 간 기온 변화가 크다. 그래서 일부 증류소는 자동으로 온도를 모니터링하여 조정하는 기후조절장치를 사용하기도 한다. 습도 또한 고려해야 할 큰 요인이다. 일반적으로 건조하고 기온 변동이 클수록 위스키에서 물이 많이 증발해 알코올 도수가 높은 증류주가 만들어진다.

112. 위스키가 오크통에 담길 때의
알코올 도수는 어떻게 될까?

스코틀랜드에서 생산되는 대부분의 위스키는 ABV 63.5%인 상태에서 오크통에 담기는데 ABV 70%인 경우도 있다.

113. 숙성이 끝날 무렵의 위스키의
알코올 도수는 어떻게 될까?

숙성 기간 동안 오크통 안의 내용물은 약 2%가 증발하는데, 기후에 따라 ABV에 미치는 영향이 다르다. 상대적으로 습도가 높고 온도가 일정한 스코틀랜드에서는 부피당 물보다 알코올의 증발 비율이 높기 때문에 위스키가 숙성될수록 ABV가 낮아진다. 따라서 스카치 위스키가 오크통에 담길 때 ABV 63.5%를 유지하는 경우는 매우 드물며 보통 58% 정도로 낮아진다. 켄터키주의 경우는 이와 반대이다. 연중 습도가 낮고 기온 변화가 크기 때문에 알코올보다 물의 증발량이 더 많다. 따라서 숙성이 끝날 무렵에는 보통 ABV 67%나 그 이상이 된다. 위스키를 언제 어느 정도의 알코올 도수로 병에 담을지는 마스터 디스틸러가 결정하지만 위스키는 증류주이므로 법적으로 ABV 40% 이상이 되어야 한다. 이러한 규정은 19세기 초 품질 표준을 마련하기 위해 스코틀랜드와 잉글랜드에서 도입된 것이다.

114. 리랙킹이란?

마스터 블렌더(Master Blender, 블렌디드 위스키의 증류 책임자)는 숙성 기간 동안 일정 간격으로 샘플을 테스트하여 위스키의 품질을 모니터링한다. 위스키가 예상대로 숙성되지 않으면 더 나은 결과물을 얻기 위해 중간에 다른 오크통으로 옮기는 것을 '리랙킹(Reracking)'이라고 한다. 오크통에 수리 불가능한 누수의 징후가 보일 경우에도 위스키를 리랙킹한다.

115. 우드 피니시 또는 추가 숙성이란?

하나의 오크통에서 오랫동안 숙성되었던 위스키를 병입하기 전에 다른 캐스크로 옮겨 짧은 기간 추가 숙성을 거치는 과정을 '우드 피니시(Wood Finish)' 또는 '추가 숙성(Extra Maturation)'이라고 한다. 위스키의 맛을 더하기 위해 사용되는 방식이다. 일부 위스키 블렌더들은 추가 숙성을 통해 위스키에 맛을 더하는 이러한 작업을 '매링(Marrying)'이라는 용어로 칭하기도 한다. 스코틀랜드의 글렌모렌지(Glenmorangie)가 이 분야를 개척했다(옆 페이지 이미지 참조).

앞 페이지 : 아일레이해협 근처 부나하벤 증류소의 오크통.

116. 나무가 위스키의 최종 풍미에 영향을 미칠까?

위스키 풍미의 60%는 숙성되는 오크통에서 우러나오므로 이 질문에 대한 답은 '그렇다'이다. 즉, 나무가 위스키의 풍미에 큰 영향을 미친다. 질이 낮은 증류액이 좋은 오크통에서 좋아질 수는 없지만, 질 좋은 증류액이 나쁜 캐스크에서 상할 수는 있다. 이런 경우는 잘못 제조된 오크통을 사용했거나 앞서 담겼던 내용물이 위스키의 맛과 향에 부정적인 영향을 미쳤을 때 일어난다.

왼쪽부터 버번 오크통에서 숙성한 것, 셰리 와인 오크통에서 추가 숙성한 것, 포트 와인 오크통에서 추가 숙성한 것, 소테른(화이트 와인) 오크통에서 추가 숙성한 것.

117. 스코틀랜드에서 생산되는 싱글 몰트 위스키는 얼마나 될까?

스코틀랜드에는 대략 120여 개의 증류소가 있는데, 각 증류소마다 다양한 버전의 싱글 몰트 위스키를 제조하여 다른 이름을 붙인다. 예를 들어 맥캘란은 골드(Gold), 앰버(Amber), 시에나(Sienna), 루비(Ruby)로 네 종류의 라인을 생산한다. 9장에서 스코틀랜드의 몰트 위스키 증류소 목록과 위치를 지도에서 살펴볼 수 있다(319번 참조).

GRAIN WHISKY
그 레 인 위 스 키

118. 그레인 위스키는 어떻게 만들어질까?

그레인 위스키는 옥수수나 밀을 원료로 만든다. 먼저 선택한 곡물을 산업용 압력솥에서 조리하여 전분 성분을 부드럽게 만든다. 여기에 효소가 풍부한 맥아를 소량 첨가해 전분을 발효 가능한 당분으로 전환한다. 이렇게 당분이 풍부한 액체를 발효시키는 과정은 단식 증류와 비슷하다. 워시(Wash)가 낮은 알코올 도수 상태에서 컬럼 스틸(연속식 증류기)로 들어가 높은 알코올 도수의 액체가 된다. 이러한 연속식 증류는 연결된 2개의 증류탑을 거쳐 증류된다.

119. 컬럼 스틸이란?

컬럼 스틸(Column Still, 연속식 증류기)은 주로 그레인 위스키를 만들 때 사용하며 다양한 컬럼 스틸이 설계되었다. 증류 후 다시 가열하기 전 냉각과 세척 과정을 거쳐야 하는 포트 스틸(Pot Still, 단식 증류기)과는 반대로 컬럼 스틸은 일괄 처리 방식으로 연속 공정이 가능하다. 초기 컬럼 스틸 중 하나는 아일랜드의 증류업자 이니어스 코페이(Aeneas Coffey)가 설계하여 19세기 초에 특허를 받은 것이다. 일반적으로 분획탑과 농축탑 2개의 탑이 서로 연결된 구조이며, 각 탑의 내부에는 구멍이 뚫린 단(Plate)들이 설치되어 여러 층으로 나뉘어 있다.

120. 분획탑은 어떻게 작동할까?

발효 후 생긴 저알코올 액체인 워시는 분획탑(Analyzer) 상단에 부착된 구리
관을 통해 기둥으로 유입되어 첫 번째 단(Plate)에 쏟아진다. 이 액체는 탑 내
부의 여러 단을 통과하며 기둥 바닥으로 흘러가고 아래에서 올라오는 증기는
단을 통해 상승하게 된다. 이 과정을 통해 원하는 알코올 농도가 될 때까지 순
환시키며 불순물을 제거할 수 있다.

121. 농축탑은 어떻게 작동할까?

알코올 증기가 분획탑에서 관을 통해 농축탑(Rectifier) 바닥으로 들어와 다시 상승하기 시작한다. 알코올 성분은 분류되는 온도가 각각 다르기 때문에 증류주도 다양하게 나뉜다. 낮은 단(Plate)부터 높은 단으로 올라갈수록 알코올 도수는 높아지는데, 무거운 알코올은 다시 액체로 응축되어 단에 남고, 가벼운 알코올 증기만 탑 위로 올라가 응축기에 모인다. 그리하여 최종 생산된 위스키는 90~94.8%의 알코올을 함유하게 된다.

좌 : 컬럼 스틸 내부의 스케일 모형. 우 : 아일랜드 쿨리 증류소의 컬럼 스틸.
옆 페이지 : 거번 증류소의 거대한 컬럼 스틸.

122. 그레인 위스키는 어떻게 숙성될까?

대부분의 그레인 위스키는 아메리칸 화이트오크로 만든 버번 오크통에서 숙성된다. 몰트 위스키와 마찬가지로 그레인 위스키 역시 최소 3년은 숙성되어야 위스키의 자격을 갖추게 된다. 오크통은 선반식 숙성 창고에 저장된다.

123. 스코틀랜드에는 그레인 위스키 증류소가 몇 곳 있을까?

스코틀랜드산 그레인 위스키는 캐메론 브릿지(Cameron Bridge), 거번(Girvan), 글렌 터너/스타로우(Glen Turner/Starlaw), 인버고든(Invergordon), 로크 로몬드(Loch Lomond), 노스 브리티시(North British), 스트래스클라이드(Strathclyde) 등 7곳의 대규모 증류소에서 대량으로 제조된다. 과거에는 그레인 위스키를 제조하는 증류소의 수가 훨씬 더 많았고, 캠버스(Cambus), 덤바턴(Dumbarton), 간히스(Garnheath), 포트 던다스(Port Dundas)처럼 유명한 곳도 있었으나 폐업하거나 파산했다. 이 위스키 중 일부는 지금도 상점에서 만날 수 있다.

BLENDED WHISKY
블렌디드 위스키

124. 블렌디드 위스키는 어떻게 제조될까?

블렌디드 위스키는 여러 숙성 위스키로 만들어진다. 우리가 알고 있는 대부분의 유명 위스키는 '블렌디드 스카치 위스키'이며, 그 근간은 옥수수나 밀을 원료로 만든 그레인 위스키이다. 숙성이 끝나면 특징적인 맛을 만들어내기 위해 여기에 일정 비율의 숙성된 싱글 몰트를 추가한다. 맛과 구성 비율은 블렌디드 위스키마다 다르며 레시피는 마스터 블렌더만의 비밀이다. 블렌딩은 교향곡을 작곡하는 것에 비유되곤 하는데, 각 위스키가 각자의 역할을 하며 최종 산출물에 자신의 향을 부여하여 훨씬 조화로운 결과를 만들어내기 때문이다.

125. 좋은 블렌디드 위스키를 만드는 방법은 무엇일까?

좋은 블렌디드 위스키를 만들기 위해 마스터 블렌더는 다양한 오크통에 담긴 싱글 몰트 위스키 샘플을 테스트하여 시간이 지나면서 어떻게 발전하는지 분석한다. 이때 주로 후각을 이용하며 맛의 성분을 쉽게 구분할 수 있도록 샘플 액의 라이브러리를 만든다. 블렌더는 각 몰트 위스키의 맛의 차이점을 매우 잘 파악하고 있어서 특정 브랜드가 일시적으로 품절될 경우 손쉽게 적절한 대체품을 찾기도 한다. 이때 유용한 것은 업계에서 널리 통용되는 맥아 분류 체계이다. 자세한 내용은 리처드 패터슨의 위대한 저작 《Goodness Nose》에서 찾아볼 수 있다. 마지막으로 적절한 오크통을 고르는 것이 블렌딩 성공의 핵심이다. 위스키를 증류하는 것이 '기교'라면, 위스키 블렌딩은 '예술'이다.

블렌딩 실험실의 레이첼 배리. 그녀는 세계 최초 여성 마스터 블렌더이다.

126. 유명한 블렌디드 위스키 브랜드

유명한 블렌디드 위스키 브랜드라면 조니 워커, 발렌타인, 더 페이머스 그라우스, 시바스, 듀어스, 화이트 호스, 블랙 앤 화이트, 커티삭 등을 손에 꼽는데 지난 150년 동안 그 밖에도 수많은 브랜드가 개발되었다. 대부분의 블렌디드 위스키는 위스키 블렌딩이 합법화된 19세기 후반 설립된 소규모 가족 기업의 이름을 붙인 것이다. 이 외에도 영리하게 이름을 지은 제품들이 상점에 선보이고 있다. 고객이 요구한 사양에 맞춰 주문 제작된 위스키로 모두 다른 레시피를 따른다. 슈퍼마켓에서 주류 판매가 허용된 나라에서는 특정 주류 체인 점용으로 개발된 하우스 블렌디드 위스키를 흔히 만날 수 있다.

127. 앤드류 어셔

앤드류 어셔(Andrew Usher)는 스코틀랜드 출신의 와인 및 주류 상인으로, 최초의 블렌디드 위스키를 생산해서 '블렌디드 위스키의 아버지'라고 불린다. 1860년 무렵 곡물 위스키와 맥아 위스키의 혼합이 합법화되어 지금의 스코틀랜드 위스키의 시작이 되었다. 일설에 따르면, 어셔는 어머니로부터 위스키 블렌딩을 배웠다고 한다.

128. 조니 워커

조니 워커(Johnnie Walker)의 창시자 존 워커(John Walker)는 1820년대 스코틀랜드 킬마녹에서 식료품점을 운영하며 주류 소매업을 시작했다. 그런데 홍수로 가게가 큰 타격을 입었다. 이때 존의 아들 알렉산더 워커(Alexander Walker)가 위스키 도매업으로 업종을 바꾸면서 전화위복이 되었다. 지구 반대편에도 브랜드를 알리기 위해 알렉산더는 글래스고 항구의 선장들과 거래를 했다. 그들이 세계의 머나먼 구석구석에 알렉산더의 위스키를 운반하면 그

대가로 수익의 일부를 준다는 내용이었다. 그리고 1세기가 지난 후 조니 워커 레드 라벨(Johnnie Walker Red Label)은 세계에서 가장 유명한 블렌디드 위스키로 자리매김하게 되었다. 1908년에 톰 브라운(Tom Brown)은 거리를 활보하는 남자의 모습으로 유명한 로고를 디자인했는데, 어떨 때는 왼쪽에서 오른쪽 방향, 때로는 오른쪽에서 왼쪽 방향을 향하고 있다.

129. 발렌타인

아치볼드 발렌타인(Archibald Ballantine)은 스코틀랜드 국경 지대 피블스 출신의 농부였다. 그는 아들 조지 발렌타인(George Ballantine)은 13세가 되자 에든버러로 데려가 식료품과 와인 상인 앤드류 헌터(Andrew Hunter) 밑에서 견습생으로 일하게 했다. 그리고 6년 후인 1887년 조지는 에든버러성 근처의 카우게이트 지역에 자신의 식료품점을 열었다. 조지는 친한 친구인 위스키 증류사 앤드류 어셔에게 위스키 블렌딩에 대해 많은 것을 배워 발렌타인(Ballantine's)을

만들었고, 스코틀랜드 시장에 출시했다. 그의 큰아들과 작은아들이 각각 에든버러와 글래스고에서 브랜드를 더 발전시켜 조지 발렌타인 앤 선(George Ballantine & Son)으로 거듭났다. 또한 19세기 빅토리아 여왕에게 왕실 공식 납품 업체 인증(Royal Warrant)을 받으며 발렌타인 브랜드는 국제적인 명성을 얻게 되었다. 훗날 이 회사는 여러 기업에 인수되었다가 지금은 프랑스 주류 기업 페르노리카가 소유하고 있다.

130. 더 페이머스 그라우스

1800년에 설립된 매튜 글로그 앤 선(Matthew Gloag & Son)은 1869년 더 그라우스(The Grouse)라는 블렌디드 스카치 위스키를 선보였다. 그리고 곧 큰 성공을 거두면서 사람들이 이 술을 '유명한 그라우스'라는 뜻으로 '더 페이머스 그라우스(The Famous Grouse)'라고 부르기 시작했다. 1905년 8월 12일 글로그는 이 이름을 상품명으로 등록했다. 그라우스(Grouse)는 스코틀랜드를 상징하는 새(뇌조)를 뜻하며, 더 페이머스 그라우스를 '뇌조 위스키'라그드 부른다. 이 브랜드는 전통을 고수하며 창업주의 후손들이 여전히 경영에 참여하고 있다. 로고는 창업자의 고모가 디자인했다고 알려진 초안에서 따왔는데 뇌조의 모습은 시간이 지나면서 정형화되었다.

131. 시바스 리갈

존 시바스(John Chivas)와 제임스 시바스(James Chivas) 형제는 1801년 스코틀랜드 무역항의 중심지인 애버딘에 식료품점을 열었다. 상점은 전 세계에서 사들인 고급 식품을 공급하며 귀족들 사이에서 유명해졌다. 1840년대에는 자신들의 상점 저장고에서 스카치 위스키를 오크통에 담아 숙성시키기 시작했다. 또한 1850년대에는 여러 종류의 몰트 위스키와 그레인 위스키를 블렌딩하면 풍성한 맛을 낼 수 있다는 것을 발견하고 블렌디드 스카치 위스키를 탄생시켰다. 형제 모두 후각이 뛰어났기에 그들이 제조한 프리미엄 블렌디드 위스키 '시바스 리갈(Chivas Regal)'은 전 세계적으로 인기를 끌었다. 그 후 시바스 리갈은 1950년 캐나다 회사인 씨그램에 인수되면서 더 성장하게 되었다. 애버딘의 이 상점은 더 이상 존재하지 않지만, 현 소유주인 페르노리카가 스트라스아일라(Strathisla) 증류소를 비롯해 그 산하의 모든 위스키 증류소를 시바스 브라더스(Chivas Brothers Ltd.)라는 이름으로 합병한 이후 '시바스(Chivas)'라는 이름은 위스키 브랜드와 회사명으로 계속 남게 되었다.

CHIVAS BROTHERS LTD.
DISTILLERS
ABERDEEN SCOTLAND
The oldest malt whisky distillery in the Highlands of Scotland, Strathisla Glenlivet Distillery, established in 1786, is owned and operated by Chivas Brothers Ltd. The finest and most treasured product of this old house is "CHIVAS REGAL WHISKY," matured in oak casks for fully 12 years and representing a century and a half of experience in producing fine Scotch Whisky.

132. 듀어스

듀어스(Dewar's) 브랜드는 창업자 존 듀어(John Dewar)의 아들인 존 알렉산더 듀어(John Alexander Dewar)와 토미 듀어(Tommy Dewar)가 만들었다. 존이 스코틀랜드의 기반을 지키는 동안 동생 토미는 세계 투어에 나섰다. 토디는 현란한 언변으로 20년 만에 듀어스를 전 세계에 알리는 데 성공했다. 그는 세계를 돌아다닌 경험을 바탕으로 《A Ramble Round the Globe》라는 책을 썼고, 뒤이어 정치에 입문하여 런던 장관을 여러 차례 역임했다. '듀어리즘(Dewarism)'이라는 용어는 그의 재치 있는 격언을 기리기 위해 만들어진 표현이다

133. 제이 앤 비

제이 앤 비(J&B)라는 브랜드의 기원에 는 로맨스가 숨겨져 있다. 어느 이탈리 아 증류사의 아들 지아코모 저스테리 니(Giacomo Justerini)는 이탈리아의 소 프라노 마르게리타 벨리노(Margherita Bellino)의 공연에 매료되었다가 이후 사랑에까지 빠지고 말았다. 그리고 1749년 그는 그녀를 따라 잉글랜드로 향했다. 그들의 사랑은 오래도록 지속 되지는 못했지만, 그의 사업 수완은 잉 글랜드에서 유감없이 발휘되었다. 그 는 런던에서 와인 및 증류주 상인으로

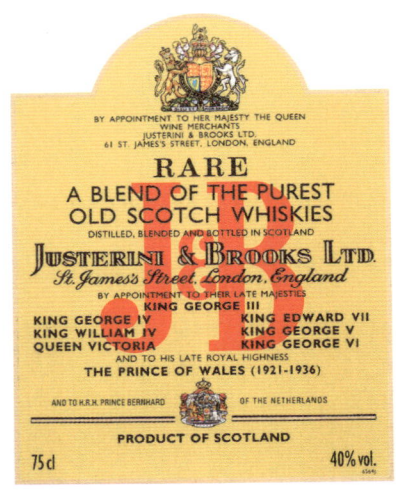

성공을 거두었지만 11년 후 동업자에게 사업을 넘기고 이탈리아로 돌아갔다. 이 견실한 회사는 1831년 알프레드 브룩스에 매각되어 저스테리니 앤 브룩스 (Justerini & Brooks)로 사명이 변경되었다. 1884년 무렵 회사는 위스키를 비 축하기 시작하며 블렌디드 스카치 위스키 제이 앤 비 레어(J&B Rare)의 전신 인 제이 앤 비 클럽(J&B Club)을 만들었다. 이 가볍고 부드러운 블렌디드 위 스키는 칵테일용으로 인기 있다.

134. 블랙 앤 화이트

제임스 뷰캐넌(James Buchanan)은 위스키 제조자로서 뿐만 아니라 경마 팬으로서도 토 미 듀어(Tommy Dewar)의 가장 큰 라이벌이 었다. 이들 두 사람은 모두 서러브레드종(경

주마)을 상당수 보유하고 있었다. 뷰캐
넌이 흰 바탕에 자신의 이름을 검은 글
씨로 인쇄한 라벨이 특징인 새로운 블렌
디드 위스키를 선보이고 얼마 지나지 않
아 고객들은 너도나도 '블랙 앤 화이트
(Black & White)'를 찾게 되었다. 몇 년
후 이 브랜드의 마스코트인 강아지 스코
티와 웨스티가 라벨에 더해졌다. 뷰캐넌
은 영국 상원에 독점으로 위스키를 공급
한 최초의 위스키 남작(Whisky Baron)
들 중 한 사람이다.

제임스 뷰캐넌.

135. 화이트 호스

화이트 호스(White Horse)는 에든버러
의 전설적인 펍이었던 화이트 호스 셀러
인(White Horse Cellar Inn)의 이름을 딴
전설적인 블렌디드 스카치 위스키이다.
화이트 호스에는 라가불린 싱글 몰트가
들어가는데, 과거 두 브랜드와 증류소가
피터 맥키(Peter Mackie)라는 한 사람의
소유였다는 점에서 보면 당연한 결과물
이다. 맥키는 활기차고 경쟁심이 강했으
며 성미도 급했다. 그는 오랫동안 맥키
가문의 대표적인 제품인 싱글 몰트의 생
산을 두고 이웃인 라프로익(Laphroaig)

과 다투었다. 라프로익이 일방적으로 합의를 파기하자, 맥키는 화가 나 한때

사업을 함께했던 상대를 힘들게 하려 애를 썼다. 심지어 중심 증류소인 라가 불린 내에 몰트 밀(Malt Mill)이라는 좀 더 작은 증류소를 세워 라프로익의 위스키를 모방하려고도 했다. 이러한 시도는 성공하진 못했지만, 그가 만든 화이트 호스는 지금까지 생산되고 있으며 현재는 디아지오가 소유하고 있다.

136. 커티삭

〈Tam o' Shanter〉는 로버트 번스(Robert Burns) 가 쓴 유명한 시 중 하나인데, 1923년 탄생한 한 위스키 브랜드에 영감을 주기도 했다. 1790년 쓰인 이 시에는 '커티삭(Cutty Sark)'이라고 불리던 짧은 잠옷을 입은 채 빠르게 달려오는 마녀에게 쫓기는 불쌍한 탐을 묘사한 구절이 있다. 그리고 약 80년 후인 1870년 조크 윌리스(Jock Willis) 선장은 당시로서는 이례적으로 빠르게 항해할 수 있도록 설계된 자신의 새 무역선에 이 이름을 붙였다. 커티삭호는 런던에서 상하이까지 처녀항해한 뒤 여덟 번의 원정을 완수하면서 이름을 떨쳤다. 1923년 런던에 기반을 둔 와인과 위

스키 거래상 베리 브라더스 앤 러드(Berry Brothers & Rudd)는 미국인들이 편하게 마실 만한 (당시 미국은 금주법 시대였다!) 새로운 블렌디드 위스키를 출시하기로 하고 스코틀랜드 예술가 제임스 맥베이(James McBey)에게 의뢰해 귀에 쏙 들어오는 이름을 지어냈다. 동명의 배가 계속 뉴스에 오르내리고 있는 상황에서 '커티삭(Cutty Sark)'이라는 이름은 두말할 나위 없는 선택지였다. 그리고 이 블렌디드 위스키는 그때부터 순항을 이어왔다.

137. 그 외 블렌디드 스카치 위스키

수많은 블렌디드 스카치 위스키가 있지만, 다음은 전 세계적으로 구할 수 있는 블렌디드 위스키 리스트이다. 더 앤티쿼리(The Antiquary), 벨스(Bell's), 블랙 보틀(Black Bottle), 블랙 프린스(Black Prince), 블랙 와치(Black Watch), 블루 행어(Blue Hanger), 뷰캐넌 (Buchanan's), 캠벨타운 로크(Campbeltown Loch), 카토스(Catto's), 클랜 캠벨(Clan Campbell), 클랜 맥그리거(Clan Macgregor), 클레이모어(Claymore), 크로포드(Crawford's), 딤플(Dimple), 그랜츠 패밀리 리저브(Grant's Family Reserve), 헤이그(Haig), 행키 배니스터(Hanky Bannister), 하이 커미셔너(High Commissioner), 하이랜드 퀸(Highland Queen), 아일

레이 미스트(Islay Mist), 랭스(Lang's), 롱존(Long John), 맥킨레이(Mackinlay), 올드 파(Old Parr), 헌드레드 파이퍼스(100 Pipers), 패스포트(Passport), 피그스 노즈(Pig's Nose), 쉽 딥(Sheep Dip), 식스 아일즈(Six Isles), 티처스(Teacher's), 태백(Té Bheag), 더 탈리스만(The Talisman), 배트 식스나인(Vat 69), 화이트 앤 맥케이(Whyte and Mackay), 윌리엄 로손스(William Lawson's)가 있다.

PRODUCT OF SCOTLAND

Finest

PIG'S NOSE

Scotch Whisky

In Gloucestershire 'tis said that
our Scotch is as soft and as smooth as a pig's nose.

100% Scotch Whiskies Blended and bottled in Scotland

75 cl   40% vol

M.J.Dowdeswell & Co Ltd Oldbury-on-Severn Gloucestershire

Teacher's
EXTRA SPECIAL
OLD SCOTCH
Whisky

WM TEACHER & SONS. LTD
· GLASGOW ·

THE
CLAYMORE

SCOTCH
WHISKY

DISTILLED, BLENDED AND BOTTLED IN SCOTLAND
A. FERGUSON & COMPANY, GLASGOW G2 5RG

70cl ℮   40% Vol

ESTD.   1893

QUEEN OF SCOTS

HIGHLAND
QUEEN
FINE OLD SCOTCH WHISKY

PRODUCE OF SCOTLAND

Macdonald Muir Ltd

DISTILLERS   LEITH   SCOTLAND

BOTTLED IN SCOTLAND

"THE BAILIE"

THE BAILIE NICOL JARVIE BLEND
→ OF ←
Old Scotch Whisky,

PRODUCE OF
SCOTLAND

Sole Proprietors.

NICOL ANDERSON & CO., LTD
43 OXFORD STREET,
GLASGOW.

PRE-WAR STRENGTH 25% U.P.

SPECIAL.

REG. NO. 35665.

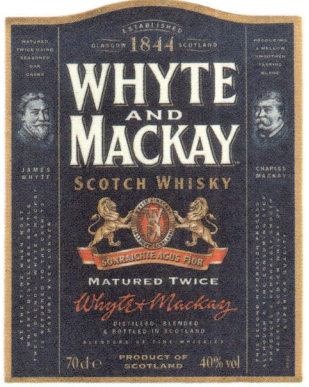

ESTABLISHED
GLASGOW 1844 SCOTLAND

WHYTE
AND
MACKAY

SCOTCH WHISKY

SCOTCHMAN'S PRIDE

MATURED TWICE

Whyte & Mackay

DISTILLED, BLENDED
& BOTTLED IN SCOTLAND

70 cl ℮   40% vol

PRODUCT OF
SCOTLAND

JAMES WHYTE   CHARLES MACKAY

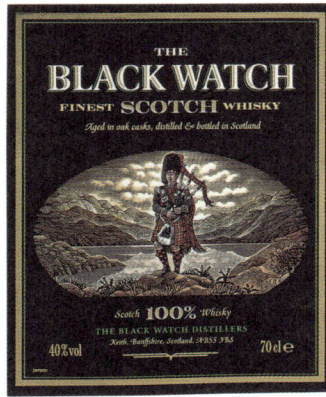

THE

BLACK WATCH
FINEST SCOTCH WHISKY
Aged in oak casks, distilled & bottled in Scotland

Scotch 100% *Whisky*

THE BLACK WATCH DISTILLERS
Keith, Banffshire, Scotland. AB55 3BS

40%vol   70cl ℮

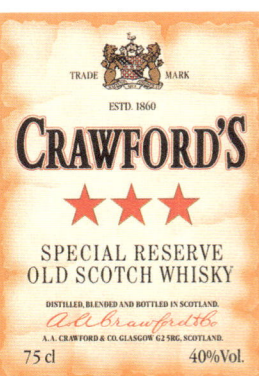

TRADE   MARK

ESTD. 1860

CRAWFORD'S
★ ★ ★

SPECIAL RESERVE
OLD SCOTCH WHISKY

DISTILLED, BLENDED AND BOTTLED IN SCOTLAND.

A.A.Crawford & Co

A. A. CRAWFORD & CO. GLASGOW G2 5RG, SCOTLAND.

75 cl   40%Vol.

138. 블렌디드 위스키가 많은 이유는 무엇일까?

17~19세기 사이 스코틀랜드 하이랜드 지방에 위스키 가내 공업이 발전했다. 수백 명의 농부 출신 증류사들은 자신들만의 특색 있는 싱글 몰트 위스키를 만들어냈다. 그러나 영국 남부 사람들은 브랜디(Brandy, 포도 또는 다른 과일을 증류해서 만든 술)나 진(Gin)을 선호했기 때문에 로우랜드나 잉글랜드로의 수출은 사실상 전무했다. 19세기 동안 일어난 5가지 중요한 사건이 스코틀랜드 위스키 업계의 분위기를 바꾸고 뒤이어 영국인들의 소비 패턴을 변화시켰다.

1. 컬럼 스틸의 발명

1827년 아일랜드의 증류업자 로버트 스타인(Robert Stein)은 연속해서 증류가 가능한 컬럼 스틸(Column Still, 연속식 증류기)을 발명했지만 실용화하지는 못했다. 이것은 스코틀랜드 하이랜드 지방에서 사용하던 항아리형의 포트 스틸(Pot Still, 단식 증류기)과는 다른, 몇 미터에 달하는 탑 형태였다. 그리고 또 다른 아일랜드인 이니어스 코페이(Aeneas Coffey)가 이 탑 증류기를 개선해 1830년 특허를 등록했다. 그리하여 '코페이 스틸(Coffey Still)'이라고도 불리는 컬럼 스틸이 완성됐다. 그때부터 다양한 종류의 곡물을 대량으로 증류할 수 있게 되면서 대규모 산업화가 이루어졌다. 아일랜드 증류사들은 이 발명품을 반기지 않고 무시한 반면, 스코틀랜드 로우랜드 사람들은 이 새로운 증류기를 기꺼이 수용했다. 그들은 이 증류기를 이용해서 약처럼 스모키한 향이 나는 하이랜드의 비싼 몰트 위스키보다 더 무난한 맛의 저렴한 그레인 위스키를 대량 생산했다.

2. 법적인 변화

두 번째 사건은 1846년 곡물법(Corn Law)의 폐지였다. 그때까지는 위스키를 만드는 데 보리만 사용해야 했지만, 새로운 법에 따라 옥수수나 밀처럼 더 저렴한 곡물도 술을 증류하는 데 사용이 가능해진 것이다. 1860년 스코틀랜드에서 다른 원료로 만들어진 증류액의 블렌딩을 허용하도록 법이 개정되면서 또 다른 돌파구가 찾아왔다. 앤드류 어셔(Andrew Usher)는 시장 점유율을 높일 수 있는 이 최고의 기회를 얻은 초기 인물 중 하나이며 '블렌디드 위스키의 아버지'로 불린다. 어셔는 각각의 하이랜드 증류소에서 싱글 몰트 오크통을 구입해 저렴한 곡물 증류주와 혼합했다. 또한 몰트 위스키를 혼합해 최종 제품에 '어셔의 오래 숙성된 글렌리벳(Usher's Old Vatted Glenlivet, Glenlivat이라고도 씀)'이라는 이름을 붙였다. 오래지 않아 다른 와인－주류 상인들더 그의 선례를 따랐다. 시바스(Chivas) 형제가 애버딘에서 블렌딩 사업을 시작했고, 존 듀어(John Dewar)와 아더 벨(Arthur Bell)이 퍼스에서 그 뒤를 따랐다. 윌리엄 티처(William Teacher)는 글래스고에서 블렌딩 사업체를 운영하고 있었고, 그 밖에 존 워커(John Walker), 조지 발렌타인(George Ballantine), 로버트 헤이그(Robert Haig), 매튜 글로그(Matthew Gloag), 제임스 뷰캐넌(James Buchanan)이 위스키 블렌딩 기술을 배웠다. 이들 가문의 이름 대부분은 오늘날까지 유명 위스키 브랜드 이름으로 남아 있다.

"위스키는 액체 상태의 햇살이다."

조지 버나드 쇼 George Bernard Shaw

3. 프랑스의 재앙

세 번째 사건은 프랑스에서 일어났다. 1863년 프랑스 포도밭에 병충해가 발생한 이래 20여 년 동안 절반 가까운 포도밭이 황폐화된 것이다. 이 병충해는 미국에서 유입된 포도나무뿌리진디라는 고약한 벌레에 의해 발생했는데, 이 엄청난 피해로 인해 코냑 생산이 부족해지자 가격이 상승하게 되었다. 잉글랜드인들이 다른 대안으로 선택한 것은 본토에서 생산되는 음료, 바로 블렌디드 위스키였다. 블렌디드 위스키는 곧 선풍적인 인기를 끌며 개성적인 싱글 몰트를 고집하던 하이랜드 사람들의 부러움을 한 몸에 받았다.

4. 품질 저하

네 번째 사건은 범죄였다. 19세기에 접어들면서 위스키 소비가 급증하자 일부 블렌디드 위스키 제조업자들이 이윤을 극대화하기 위해 꼼수를 부렸다. 그로 인한 제품의 품질 저하는 불가피한 결과였다. 이때 패티슨(Pattison) 형제가 숙성되지 않은 그레인 위스키에 고급 싱글 몰트를 섞어 프리미엄 위스키로 홍보하여 큰 이익을 거두었다는 사실이 밝혀지면서 업계에 큰 파장이 일었다. 패티슨 형제는 사기죄로 유죄 판결을 받고 수감되었다. 그리고 1917년 무렵 그들의 잘못으로 인해 스카치 위스키(스코틀랜드산 위스키)를 새롭고 더 엄격하게 정의하는 법이 생겼다. 이에 따라 스카치 위스키는 오크통에서 3년 이상의 숙성을 거쳐 ABV 40% 이상의 상태에서 병입되어야 했다. 이러한 품

옆 페이지 : 패티슨 위스키의 광고.

질 관리를 통해 소비자들 사이에서 블렌디드 스카치 위스키에 대한 인식 전환이 이루어질 수 있었다.

5. 국제적인 인기

블렌디드 위스키는 코냑 대체재로서 스코틀랜드와 잉글랜드 밖에서도 인기를 끌었다. 유명한 재즈 뮤지션과 할리우드 영화 스타들이 공개적으로 스카치 위스키에 대한 충성을 맹세하면서 유례없던 수준으로 수출량이 증가했다. 다양한 블렌디드 위스키가 이름만 대면 알만큼 유명해졌다. 듀어스는 미국에서 큰 인기를 끌었고, 조니 워커는 블렌디드 위스키 중 전 세계 1위 판매고를 올렸다. 위스키 세계에서 싱글 몰트 위스키가 주역처럼 보이기도 하지만 수치적으로는 다르다. 전 세계에서 판매되는 스카치 위스키의 90% 이상이 블렌디드 위스키이다. 오늘날 위에서 언급한 유명 브랜드들은 더 이상 창업 가문의 것이 아니다. 한두 개를 제외하고 대부분은 바카디(듀어스), 디아지오(벨스, 조니 워커), 빔 산토리(티처스), 페르노리카(시바스, 발렌타인) 등의 대기업에 매각되었다. 이 대기업 중 많은 수가 싱글 몰트 증류소뿐만 아니라 그레인 증류소도 소유하고 있다. 이는 전략적 선택인데 훌륭한 블렌디드 위스키를 만들려면 신뢰할 만한 싱글 몰트 위스키를 정기적으로 공급받아야 하기 때문이다. 그러므로 이러한 다국적 기업들은 소속 마스터 블렌더에게 상당한 미각적 선택권을 주기 위해 정기적으로 아무 보상 없이 서로의 오크통을 교환한다. 이렇게 싱글 몰트와 그레인 위스키가 섞이는 것이다.

옆 페이지 : 재즈 피아니스트 팻츠 월러(1904~1943)의 분장실에 놓인 블렌디드 위스키. 헤이그의 병이다.

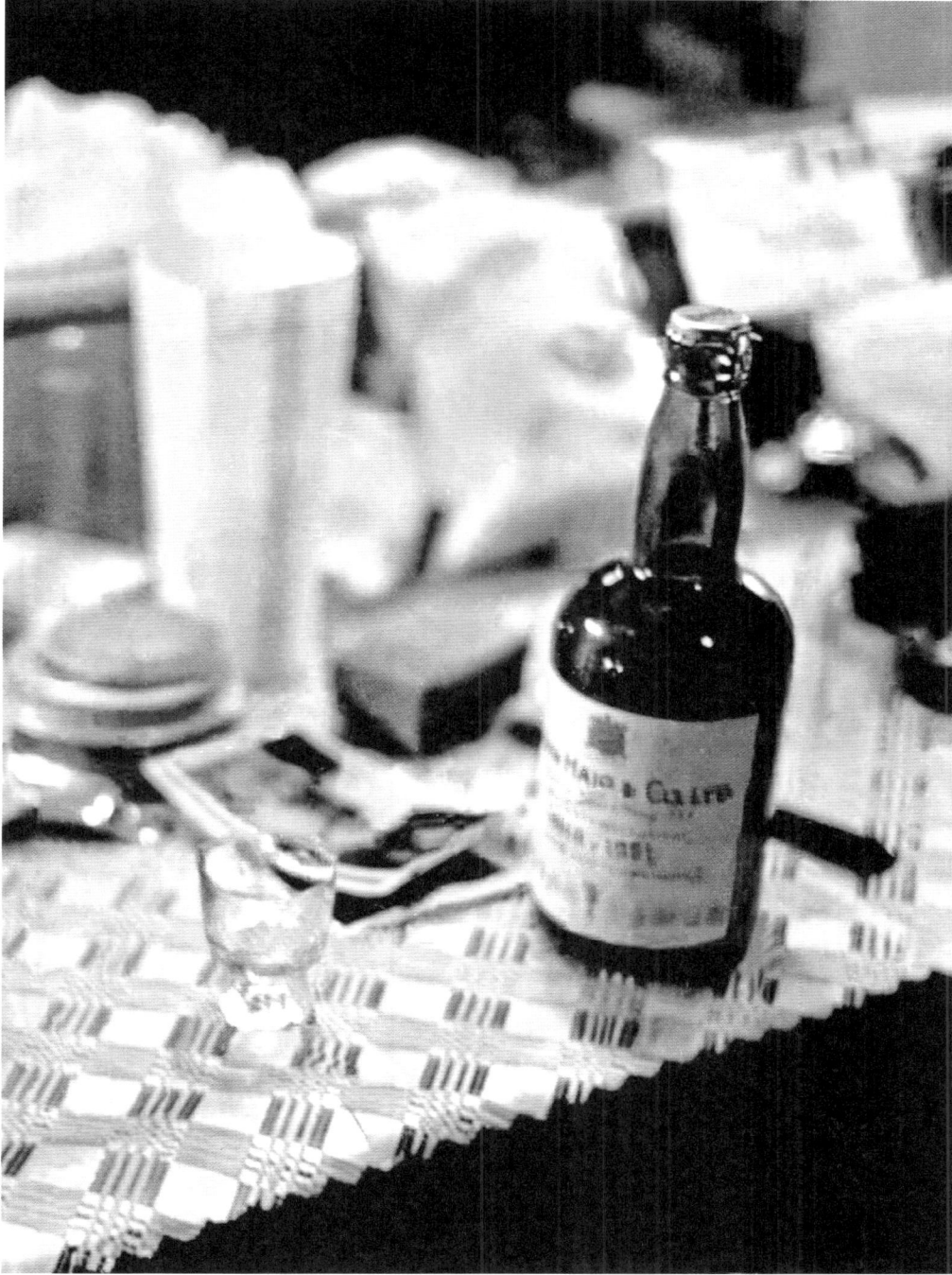

IRISH WHISKY
아 이 리 시 위 스 키

139. 아이리시 위스키는 어떻게 제조될까?

위스키의 발명가로 공식 인정받는 아일랜드인들은 싱글 몰트 위스키와 블렌디드 위스키 외에도 싱글 그레인 위스키도 생산한다. 그들의 제조법도 이웃 스코틀랜드와 비슷한데 맥아를 건조하기 위해 피트는 거의 사용하지 않는다. 유일한 예외는 쿨리 증류소에서 생산되는 스모키한 향이 특징인 코네마라(Connemara)이다. 아일랜드에서만 독점적으로 제조되는 종류도 있는데, 바로 싱글 포트 스틸 위스키(Single Pot Still Whisky)이다.

140. 싱글 포트 스틸 위스키란?

19세기 아일랜드에서는 맥아에 대한 세금이 상승했다. 그리하여 많은 아일랜드 증류업자들은 비용 절감을 위해 맥아에 발아하지 않은 보리를 더 많은 비율로 섞었다. 현재 보편적으로 적용되는 비율은 맥아 40 : 보리 60이지만, 브랜드마다 비율이 다르다. 그 비율에 따라 전통적인 아이리시 싱글 포트 스틸 위스키(Single Pot Still Whisky) 특유의 스파이시하면서 사과와 아마씨 향이 나고 부드럽고 오일리한 보디감이 생긴다.

옆 페이지 위 : 더블린의 제임슨 증류소는 이제 아름다운 위스키 박물관이 되었다.
옆 페이지 아래 : 쿨리 증류소의 포트 스틸.

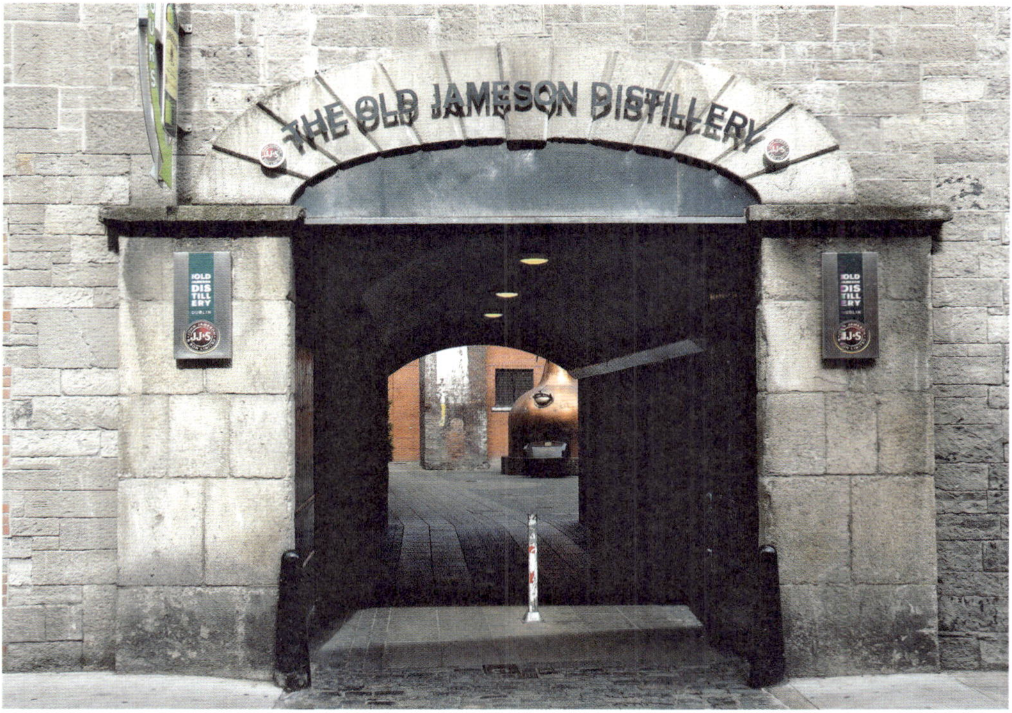
THE OLD JAMESON DISTILLERY

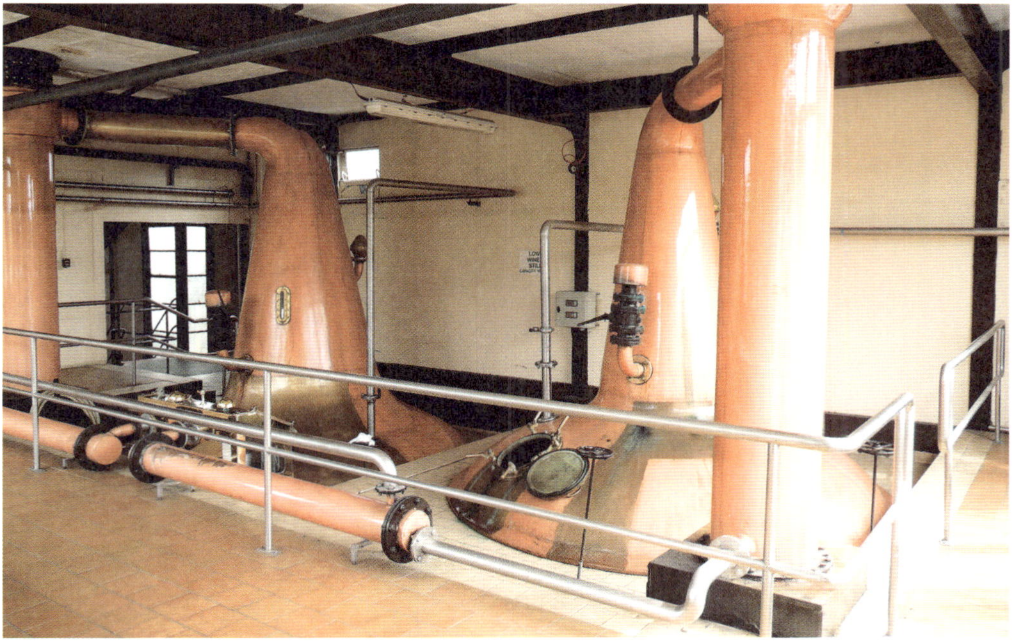

141. 싱글 포트 스틸 위스키는
어떻게 제조될까?

전통적인 아이리시 싱글 포트 스틸 위스키는 포트 스틸에서 세 번 증류된다. 1차 증류는 워시 스틸에서 진행되는데, 환류를 촉진하기 위해 컬럼 스틸의 도움을 받는다. 증류주는 어떤 스타일의 위스키로 증류할 것인지에 따라 무거운 성분의 제거 비율을 달리하여 무거운 것은 ABV 25%, 가벼운 것은 ABV 38%로 모은다. 2차 증류는 후류액(Feints)에서 알코올을 분리한다. ABV 45~47%의 약한 후류가 모여 헤비한 스피릿으로 다시 증류되고, ABV 75~85%의 강한 후류는 가벼운 스피릿을 만들어낸다. 스피릿 스틸은 최종 위스키를 만드는 데 사용되는 중류액을 증류한다. 아일랜드 증류소는 다양한 증류주를 생산하는 만큼 증류 방법도 다양하며, 이에 따라 중류액과 스피릿 스틸의 컷팅 포인트가 제각각 다르다.

142. 포친이란?

포친(Potcheen)은 '포틴(Potin)'이라고도 하며 아일랜드 전통주이다. 포친은 주로 아일랜드 가정에서 소규모로 증류해서 만들어졌다. 알코올 도수가 매우 강한 술로, 재료는 감자, 맥아, 사탕무 등이 사용되었다. 포친은 소규모 증류로 인해 품질 문제가 불거졌고 결국 생산과 유통이 금지되어 밀주(密酒)로 즐겨 오다가 지금은 합법화되어 아일랜드 내 유통은 물론 수출도 되고 있다. 달빛 아래에서 몰래 빚는다고 하여 '문샤인(Irish Moonshine)'으로도 불렸다.

143. 아이리시 위스키는 어떻게 숙성될까?

아일랜드 증류업자들은 던니지 숙성 창고를 거의 이용하지 않는다. 대부분의 아이리시 위스키는 오크통을 똑바로 세워 보관하는 선반식 숙성 창고에서 숙성된다. 셰리 와인, 포트 와인, 버번, 마데이라 같은 다른 술을 담았던 오크통도 사용되지만 대부분은 퍼스트 필 캐스크에 담는다.

144. 아일랜드에 증류소는 얼마나 있을까?

아일랜드 경제는 19세기 전반과 20세기 초에 감자 기근을 비롯해 미국의 금주법, 1929년 미국 증시 폭락과 그에 따른 파급 효과, 영국과의 경제 전쟁 등 많은 역경을 극복해야 했다. 그 결과 아일랜드 위스키 산업은 세계 시장의 주류에서 밀려나게 되었다. 폐업과 합병이 이어진 끝에 마침내 아일랜드공화국의 미들턴 증류소(아이리시 디스틸러스 그룹)와 북아일랜드의 부시밀즈 증류소 2개의 회사만 남게 되었다.

그러다 1989년 쿨리 증류소가 합류하여 그 후 수십 년 동안 위스키 산업의 부흥을 이끌었다. 현재 두 나라 전역에 10곳 이상의 증류소가 아이리시 위스키를 잿더미에서 부활시켰다(각 증류소의 위치는 320번 지도 참조). 페르노리카가 소유한 미들턴 증류소, 빔 산토리가 소유한 쿨리 증류소와 킬베간 증류소가 아일랜드공화국의 주요 증류소이며, 북아일랜드에서는 부시밀즈 증류소가 대표적이다.

옆 페이지 : 옛 파워스 증류소의 포트 스틸. 더블린의 옛 증류소의 안뜰에 자리 잡은 산업 기념물이다. 이 건물은 현재 국립 예술 디자인 대학으로 사용되고 있다.

145. 유명한 아이리시 위스키 브랜드

아이리시 블렌디드 위스키 시장의 오랜 선두주자는 제임슨(Jameson)이다. 아이리시 커피의 원재료인 탈라모어 듀(Tullamore Dew)가 그 뒤를 이어 2위를 차지했다. 그 밖의 주요 브랜드는 부시밀즈(Bushmills), 블랙 부시(Black Bush), 파워스(Powers), 패디(Paddy), 레드브레스트(Redbreast), 그린 스팟(Green Spot), 킬베간(Kilbeggan), 코네마라(Connemara), 티어코넬(Tyrconnell)이다. 개인적으로 가장 좋아하는 것은 싱글 포트 스틸 위스키인 라이터즈 티어스(Writers Tears)이다.

옆 페이지 : 킬베간 증류소. 아일랜드에서 현재 운영 중인 증류소 중에 가장 오랜 역사를 자랑한다. 설립되었을 때는 브루스나(Brusna)라는 이름이었으나 훗날 로크스(Locke's)라고도 불렸다.

BOURBON
버번 위스키

146. 버번 위스키는 어떻게 제조될까?

버번의 재료는 최소 51%의 옥수수에 호밀이나 밀, 맥아를 추가한 곡물 혼합물이다. 옥수수는 증류액에 지방의 단맛을 더하는 역할을 하며 술의 중요한 개성을 부여한다. 소량의 맥아는 녹말을 당으로 전환하는 데 필요한 효소의 형성을 촉진한다. 밀은 버번을 더 부드럽게 하는 작용을 하며, 호밀은 버번에 알싸함을 더한다. 밀과 호밀은 '플레이버 그레인(Flavor Grains, 풍미를 더하는 곡물)'이라 불리며, 옥수수와 풍미를 더하는 곡물의 비율이 최종 제품의 향과 맛에 큰 영향을 미친다.

위에서부터 시계 방향으로 옥수수, 호밀, 보리, 밀.

147. 매시빌이란?

매시빌(Mash Bill)은 특정 버번에 사용되는 곡물의 배합 비율을 알려주는 레시피이다. 증류소에서는 대부분 1개 이상의 매시빌을 사용하기 때문에 매우 다양한 버번을 만들 수 있으며, 대개 자신들의 매시빌을 기밀로 유지한다. 하지만 매시빌을 공개하는 증류소도 있다. 포 로지즈(Four Roses)의 경우는 옥수수 60%, 호밀 35%, 맥아 5%인 OB, 같은 재료를 각각 75%, 20%, 5% 사용하는 OE의 2가지 레시피를 사용한다. 메이커스 마크(Maker's Mark)는 풍미를 더하는 곡물로 호밀 대신 밀을 사용하는 것으로 유명하다. 그 매시빌은 옥수수 70%, 붉은 겨울밀 16%, 맥아 14%이다.

148. 매시 쿠커란?

매시 쿠커(Mash Cooker)는 일종의 압력솥이다. 옥수수를 빻아 물과 섞은 뒤 매시 쿠커에 넣는다. 조리가 끝나면 식힌 뒤 호밀이나 밀을 더한다. 이 혼합물은 저온에서 조리되고 다시 식힌다. 그 다음 소량의 맥아만 추가한다.

옆 페이지 : 버팔로 트레이스 증류소의 매시 쿠커(켄터키주 프랭크퍼트 소재).

"그랜트 장군이 무슨 위스키를
마시는지 알려주게, 다른 장군들에게도
그걸 보내주고 싶으니."

에이브러햄 링컨 Abraham Lincoln

149. 사워 매시란?

대부분의 버번은 사워 매시(Sour Mash)로 만들어진다. 사워 매시는 증류 과정의 부산물로, 발효 과정 중 생긴 산성 액체이다. pH(수소 이온 지수) 값을 원하는 수준으로 유지하고 박테리아의 형성을 막는다. 첨가된 사워 매시의 양은 매시(Mash) 속 당분 비율에 영향을 미치므로 산뜻하고 가벼운 버번을 만들려면 사워 매시를 적게 넣는다.

켄터키주 베르사유의 우드포드 리저브 증류소에는
매시 쿠커와 발효 용기가 한 공간에 있다.

150. 발효조란?

발효조(Fermenter)는 효모 작용이 일어나는 용기이다. 스코틀랜드에서는 '워시백(Washback)'이라고 불리며 나무나 스테인리스 스틸로 만들어진다. 미국 증류소에서는 대부분 각 증류소에서 생산하는 자체 효모 균주를 사용한다. 보통은 1종을 사용하는데, 2종 이상을 사용하는 증류소도 있다. 포 로지즈(Four Roses)는 5종의 효모를 사용하는 것으로 유명하다. 발효는 최대 3일이 걸리며 ABV 5~6%의 '발효액(Beer)'이 된다.

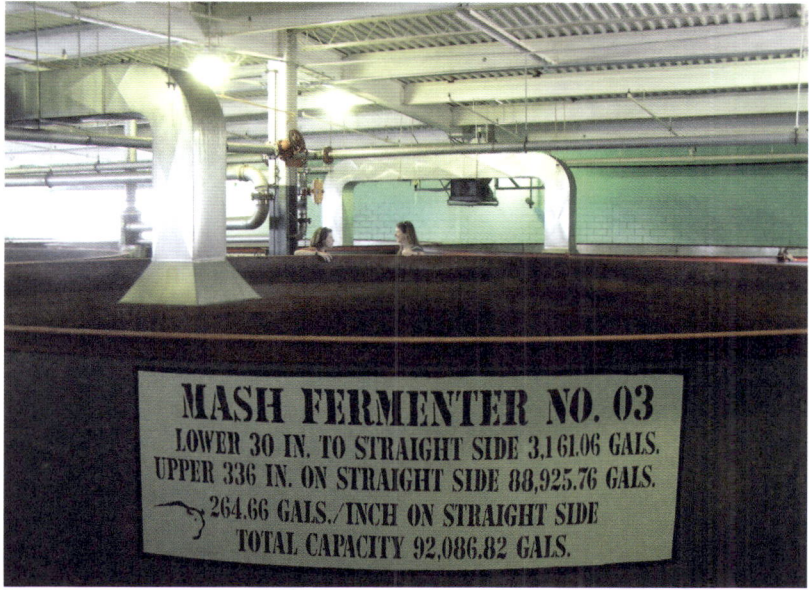

대형 버번 증류소의 거대한 발효조
(켄터키주 프랭크퍼트의 버팔로 트레이스 증류소).

151. 비어 스틸 안에서 어떤 작용이 일어날까?

발효조에서 나온 발효액(Beer)은 비어 스틸(Beer Still, 싱글 컬럼 스틸)에서 증류된다. 발효액을 위에서 부으면 증기가 밑에 있는 기둥으로 들어가는 원리로, 발효액이 타공판을 통해 천천히 흘러내리며 상승하는 증기와 만나 알코올이 제거되고 알코올을 함유한 이 증기는 55~60%의 액체로 응축된다. 2차 증류는 종류에 따라 '텀퍼' 또는 '더블러'라고 불리는 장비에서 진행된다.

152. 텀퍼란?

텀퍼(Thumper)는 물을 담은 거대한 구리 주전자이다. 알코올 증기가 이곳을 통과하며 무거운 요소들은 배출되고 액체가 정류되는 동시에 알코올이 진하게 농축된다. 이 이름은 주전자가 물을 끓일 때 내는 요란한 소리에서 따왔다.

153. 더블러란?

2차 증류에서 텀퍼 대신 더블러(Doubler)가 사용되기도 한다. 포트 스틸과 비슷한 모양이며 작동 방식도 유사하다(64번 참조).

154. 헤드와 테일이란?

헤드(Heads)와 테일(Tails)은 싱글 몰트 위스키의 생산 과정에서 나오는 초류(Forshots)와 후류(Feints)와 같다(78번, 80번 참조).

옆 페이지 : 포 로지즈 증류소의 비어 스틸(켄터키주 로렌스버그 소재).

155. 테일 박스란?

테일 박스(Tail Box)는 싱글 몰트 위스키 증류 과정의 스피릿 세이프(Spirit Safe)와 같다(77번 참조).

156. 화이트 독이란?

화이트 독(White Dog)은 숙성을 위해 배럴에 붓기 전 증류기에서 나온 무색의 액체이다. 법적으로 화이트 독은 ABV 80%를 넘어서는 안 되므로 대부분 증류소에서는 그 비율보다 낮게 제조한다. 알코올이 적을수록 화이트 독은 오일리해진다.

157. 버번 위스키는 얼마 동안 숙성시킬까?

버번의 최소 숙성 기간에 대한 법적 규정은 없다. 따라서 증류액은 증류기에서 나온 다음 날부터 '버번(Bourbon)'이라 불릴 수 있다. 그러나 스트레이트 버번에는 규제가 엄격히 적용되어 최소 2년의 숙성을 거쳐야 한다(166번 참조).

158. 버번 숙성에는 어떤 종류의 배럴이 사용될까?

미국에서는 아메리칸 화이트오크로 만들어 차링한 새 배럴에서 숙성된 증류액만 '버번'이라고 부를 수 있다.

위에서부터 시계 방향으로 와일드 터키
증류소의 텀퍼, 포 로지즈 증류소의
2차 증류에 사용되는 더블러,
포 로지즈 증류소의 테일 박스와
앞에 놓인 화이트 독이 담긴 잔.

159. 버번은 어떤 창고에서 숙성될까?

미국의 위스키 숙성 창고는 대부분 여러 층의 높이에 목재나 스틸 선반을 갖춘 건물이다. 외관은 흔히 물결 모양 철판에 덮여 있지만, 유명한 싱글 배럴 버번인 블랑톤(Blaton's)이 숙성되는 버팔로 트레이스 증류소의 숙성 창고처럼 벽돌 건물도 있다. 포 로지즈 증류소는 배럴을 겨우 6개 높이까지만 쌓을 수 있는 매우 낮은 건물을 사용한다.

검은 벽에 붉은 윈도우 셔터가 개성적인 메이커스 마크 증류소의 숙성 창고(켄터키주 로레토 소재).

160. 버번에도 '천사의 몫'이 있을까?

특히 켄터키주의 숙성 창고는 여름에는 기온이 매우 높고 겨울에는 기온이 낮은 반면, 습도는 상대적으로 낮다. 이러한 기후 조건 때문에 물이 알코올보다 더 많이 증발한다. 주목할 만한 점은 숙성 후 통에서 나오는 버번의 ABV가 몇 년 전 처음 오크통에 들어갈 때의 화이트 독보다 높을 수도 있다는 사실이다. 그래서 버번에도 천사의 몫이 있지만(106번 참조), 스코틀랜드보다 증발하는 알코올 비율이 낮다. 천사들은 어느 나라를 더 좋아하는 걸까?

켄터키주 바즈타운의 버번 헤리티지 센터 입구를 향해 서 있는
헤븐 힐 증류소의 숙성 창고.

161. 배럴 덤핑이란?

마스터 디스틸러는 증류소의 책임자로 서 위스키가 숙성을 마치고 병입할 때가 되었다고 판단하면 배럴을 열고 큰 스 테인리스 스틸 배수로를 통해 내용물을 쏟아내는데, 이것을 '배럴 덤핑(Barrel Dumping)'이라고 한다. 내용물은 원하 는 ABV에 도달할 때까지 여과되고 희 석된다. 여과하는 이유는 숙성된 버번과 함께 차링된 배럴에서 소량의 숯도 배출 되기 때문에 이를 걸러내기 위함이다.

마스터 디스틸러가 우드포드 리저브 증류소에서 덤핑을 하기 전에 버번의 품질 확인 차 샘플을 따르고 있다.

162. 데블스 컷이란?

숙성 과정 동안 소량의 위스키가 나무판에 스며드는데, 천사 의 몫(106번 참조)과 대비되는 이러한 현상을 '데블스 컷(Devil's Cut)'이라고 부른다. 짐 빔(Jim Beam)은 이렇게 배럴에 스며든 잔류물을 추출하는 방법을 개발하여 이 추출액을 자신들의 버번 제품에 섞어 짐 빔 데블스 컷(Jim Beam Devil's Cut)을 출시했다.

163. 미국 최초의 위스키 증류사는 누구일까?

누가 미국 최초의 증류사인지는 오늘날까지도 논쟁이 계속되고 있는 문제이다. 조지 소프(George Thorpe)가 1619년 제임스타운 근처의 옥수수로 증류주를 만들었다고 하는데, 1783년의 에반 윌리엄스(Evan Williams)도 후보자 중 하나이다. 1789년 위스키 증류를 시작했다고 하는 엘라이져 크레이그(Elijah Craig)도 '버번의 아버지'로 불리지만 확실한 증거는 없다. 윌리엄스와 크레이그 둘 다 그들의 이름을 딴 버번 위스키가 있다.

164. 아메리칸 위스키는 모두 버번일까?

아메리칸 위스키(미국산 위스키)가 모두 버번 위스키는 아니지만, 버번 위스키는 모두 미국에서만 생산되는 아메리칸 위스키이다. 원래 아메리칸 위스키는 호밀로 만들어졌다. 아메리카 이주민들은 아메리카 원주민들이 그들에게 옥수수를 주었다고 주장하지만, 원주민들의 이야기는 다르다. 최초 이민자들이 자신들의 비축물을 몰래 훔쳐 갔다고 말한다.

165. '버번'은 켄터키주에서 생산된 위스키에만 붙일 수 있을까?

미국 어디서든 버번 위스키를 생산할 수 있다. 켄터키주는 수십 년 동안 버번 생산의 중심지로 자리매김하고 있다.

166. 스트레이트 버번이란?

스트레이트 버번(Straight Bourbon) 생산에는 일반 버번보다 훨씬 엄격한 규칙이 적용된다. 이에 대해 미국 연방 정부가 정한 표준 규정에 설명되어 있는데 간단히 정리하면 다음과 같다.

◆ 미국에서 제조된 것이어야 한다.

◆ 최소 51%의 옥수수를 포함한 곡물 혼합물로 만들어야 한다.

◆ 내부를 차링한 새 오크 배럴(New Oak Barrel)에서 숙성해야 한다.

◆ 증류기에서 나온 증류액은 ABV 80% 이하여야 한다.

◆ 배럴에 담길 때의 증류액은 ABV 62.5% 이하여야 한다.

◆ 병입된 제품은 ABV 40% 이상이어야 한다.

◆ 최소 2년의 숙성 기간을 거쳐야 한다.

◆ 색소, 인공 조미료나 다른 증류액을 섞는 것은 허용되지 않는다.

◆ 숙성 기간이 4년 미만이라면 라벨에 반드시 숙성 연수를 표시해야 한다.

◆ 라벨에 숙성 연수를 표시할 때는 병에 담긴 위스키 중 가장 낮은 연수를 표시해야 한다.

167. 켄터키 스트레이트 버번이란?

라벨에 '켄터키 스트레이트 버번(Kentucky Straight Bourbon)'이라고 표시하려면 병에 담긴 위스키가 켄터키주에서 제조되고 숙성되어야 한다.

168. 버번이라는 이름은 어디에서 유래했을까?

독립전쟁 후 미국은 영국에 대항해 자신들을 지원한 프랑스에 대한 감사 표시로 많은 카운티(군)와 도시에 프랑스식 이름을 붙였다. 켄터키주의 버번 카운티는 당시 프랑스 왕가인 부르봉(Bourbon)의 이름을 딴 것이다.

버번 카운티에서 증류된 위스키는 배로 미국 중남부의 루이지애나즈로 운송되었다. 이 위스키는 매우 인기를 끌어 고객들은 '버번 카운티에서 온 그 위스키(That Whisky from Bourbon County)'를 찾기 시작했고 결국 '버번(Bourbon)'으로 줄여 불리게 되었다. 1964년 5월 4일 미국 의회는 버번을 미국 고유의 제품으로 인정했다. 그 이후 버번은 미국 어디서든 생산할 수 있게 되었다.

169. 버번은 모두 미국산일까?

공식적으로 버번은 미국 고유의 제품이다. 하지만 그렇다고 해서 미국 밖에서 제조될 수 없다는 뜻은 아니다. 다만, 법적으로 '버번(Bourbon)'이라는 이름을 붙일 수 없고 대신 '버번 스타일 위스키(Bourbon Style Whisky)'로 표시해야 한다.

짐 빔 증류소의 스몰 배치 버번 위스키 시리즈(213번 참조).

170. 잭 대니얼스는 왜 버번이 아닌 테네시 위스키로 불릴까?

제조 방식이 버번과 매우 유사하지만 잭 대니얼스 같은 스타일은 '테네시 위스키'로 불린다. 버번과 달리 잭 대니얼스의 화이트 독은 배럴에 붓고 숙성 과정에 들어가기 전 여러 층의 두꺼운 사탕단풍나무를 통해 여과된다.

좌 : 이 나무통은 숯으로 가득 채워져 있다. 잭 대니얼스의 화이트 독은
　　오크 배럴에서 숙성되기 전 며칠 동안 이 통을 통해 흐르며 여과된다.
우 : 테네시주 린치버그의 잭 대니얼스 방문객 센터에는 세계에서
　　가장 유명한 위스키 증류소와 브랜드의 창립자인 잭 대니얼을
　　기리는 전시가 마련되어 있다.

171. 링컨 카운티 프로세스란?

링컨 카운티 프로세스(Lincoln County Process)는 테네시 위스키의 생산 기술로서 화이트 독을 배럴에 담아 숙성에 들어가기 전 숯을 이용해 여과하는 과정을 말한다. 이때 약 3미터 높이로 쌓은 사탕단풍나무로 만든 숯에 통과시켜 여과하는데, 숯 필터링은 러시아에서 보드카를 생산할 때 사용하는 오래된 기술이다. 미국에서는 이러한 공정에 잭 대니얼스 증류소가 설립된 당시 위치했던 '링컨 카운티'의 이름을 붙였다(현재는 경계가 바뀌어 무어 카운티에 속함). 주목할 점은 주류담배세무국(TTB)이 아직까지 이런 방식으로 만든 위스키는 '버번'이라고 부를 수 없다는 규정을 만들지 않았다는 사실이다. 조지 딕켈 증류소는 테네시 위스키도 생산한다.

조지 딕켈 증류소는 테네시주 털러호마에 있다.
잭 대니얼스 증류소에서 차로 30분 거리이다.

172. 라이 위스키는 어떻게 제조될까?

라이 위스키(Rye Whisky)는 버번과 같은 방식으로 제조되는데, 다른 점은 매시빌에 최소 51%의 호밀이 포함되어야 한다는 점이다.

173. 라이 위스키는 얼마 동안 숙성시킬까?

라이 위스키 숙성에 관한 법적 규정은 없다.

174. 위트 위스키는 어떻게 제조될까?

위트 위스키(Wheat Whisky)도 버번과 같은 방식으로 제조되는데, 개시빌에 최소 51%의 밀이 포함되어야 한다.

175. 위트 위스키는 얼마 동안 숙성시킬까?

위트 위스키의 숙성에 관한 법적 규정은 없다.

176. 미국에서도 싱글 몰트 위스키를 제조할 수 있을까?

싱글 몰트 위스키는 전 세계 어디서든 제조 가능하다. 맥카시스 싱글 몰트 위스키(McCarthy's Single Malt Whiskey)를 비롯해 다양한 미국산 싱글 몰트 위스키 브랜드가 있다. 이 위스키는 오리건주 포트랜드의 클리어 크릭(Clear Creek) 증류소에서 제조되며, 위스키(Whiskey) 스펠링에 'e'를 넣는다.

177. 유명한 버번 위스키 브랜드

1920년부터 1933년까지 미국 금주법 시대 동안 미국 위스키 업계 전반에 걸쳐 고사 위기를 겪었다. 금주법 폐지 이후 소규모 증류소들이 위스키 산업을 재건하기 시작했으며 대부분은 켄터키주에 자리하고 있었다. 이들 업체 중 5곳이 현재 켄터키 버번의 대부분을 생산하고 있다. 유명 브랜드는 블랑톤(Blanton's), 버팔로 트레이스(Buffalo Trace), 엘라이져 크레이그(Elijah Craig), 포 로지즈(Four Roses), 헤븐 힐(Heaven Hill), 짐 빔(Jim Beam), 메이커스 마크(Maker's Mark), 올드 포레스터(Old Forester), 와일드 터키(Wild Turkey), 우드포드 리저브(Woodford Reserve)가 있다. 우드포드 리저브는 스코틀랜드에서 만든 포트 스틸에서 세 번 증류하는데, 버번 중 독특한 특징을 갖고 있다.

블랑톤 싱글 배럴 경주마 스토퍼는 매년 5월 첫 번째 토요일 켄터키주 루이스빌에서 열리는 켄터키더비(경마 대회)의 상징이다. 말 조각상은 8가지 다른 포즈가 있는데, 모두 합치면 말이 전속력으로 달리는 모습이 된다. 말의 뒷다리에는 블랑톤(Blanton's)이 새겨져 있으며 수집가들이 관심을 갖는 아이템이다.

178. 미국의 금주법

1919년 6월 앤드류 볼스테드(Andrew Volstead)가 미국 경제를 뒤흔들 급진적인 법안을 발의했다. 그리고 그 해 말, 우드로 윌슨(Woodrow Wilson) 대통령이 거부권을 행사했음에도 이 법안은 상원과 하원을 모두 통과하여 1920년 1월 17일 의료용이나 미사 같은 의례용을 제외한 ABV 4.5% 이상의 모든 술의 제조, 판매, 운송을 불법으로 규정하는 금주법이 발효되었다. 금주법은 '볼스테드법(Volstead Act)'이라고도 불리지만, 사실상 이 법안의 내용을 마련한 사람은 1893년부터 미국을 금주화하기 위한 로비 활동을 이어온 오하이오 출신의 금주론자 웨인 윌러(Wayne Wheeler)이다.

좌 : 웨인 윌러. *우* : 앤드류 볼스테드.

179. 금주법 시행의 결과

금주법을 시행한 이후 허버트 후버(Herbert Hoover) 대통령이 금주법을 '고귀한 실험 (Noble Experiment)'이라고 칭송했지만 금주법은 계속해서, 그리고 의도적으로 무시되었고 수천 명의 목숨을 앗아간 치명적인 범죄가 그 규모를 파악할 수 없을 만큼 급증하는 결과를 낳았다. 보통 미국인들은 알코올음료를 즐기려면 '저질 술(Rotgut)'이라는 불법 증류된 밀주를 마실 수밖에 없었고 건강이 위험해진 것은 당연한 결과였다. 이 술은 미국 내 수천 곳의 가내 양조장에서 세척제나 광택제처럼 사람에게 해롭지만 흔히 구할 수 있는 재료로 제조되었다. 거기

알 카포네.

에 진짜처럼 보이기 위해 담배와 요오드가 색소로 사용되었다. 거리에서는 다량의 밀수 위스키를 두고 경찰과 알 카포네(Al Capone) 같은 갱들 사이에 전쟁이 벌어졌다. 이 과정에서 많은 민간인이 총에 맞거나 살해되었고 미국 위스키 산업과 경제 전반에 걸쳐 심각한 타격을 입었다. 1933년 금주법이 폐지될 무렵에는 대다수의 증류소가 폐업한 상황에 이르렀다.

> "내가 한 일이라곤 대중이
> 요구하는 것을 공급한 것뿐이다."

알 카포네 Al Capone

180. 기독교 금주 운동이
금주법 제정에 미친 영향

금주법은 제정되기 50년 전 여성기독교금주연맹(Women's Christian Temperance Union, WCTU)과 회장 프랜시스 윌라드(Frances Willard)가 뿌린 씨앗이 열매를 맺은 결과였다. 1874년 그들은 미국에서 처음으로 금주 운동을 시작했다. 이때 많은 여성이 거리로 나와 찬송가를 부르고 '사악한 알코올(Demon Alcohol)'에 반대하는 선언문을 읽으며 술집을 에워싸는 등 조직적인 시위를 이어갔다. 그들이 이렇게 노력을 기울인 데는 충분한 이유가 있었다. 당시 알코올 중독이 증가하는 추세였고 남자들은 주급을 가족의 식비 대신 술값에 쓰곤 했다. 그 결과 여

프랜시스 윌라드.

성과 아이들은 굶주림과 열악한 생활 환경, 신체적 학대로 고통 받아야 했다.

프랜시스 윌라드는 1839년 뉴욕주 처치빌에서 태어났다. 이후 가족과 함께 위스콘신주로 이주했는데 그곳에서 10세 때 언니와 함께 엄숙한 서약을 했다. "갈증을 해소하기 위해 우리는 우물이나 샘의 찬물만을 마실 것이다. 그리고 이 자리에서 술 취한 모든 이들에 대한 영원한 증오를 맹세한다."

금주 운동에 있어서 기본적으로 윌라드의 접근 방식은 평화로웠지만, 그녀의 광신적인 제자 중 한 명인 캐리 아멜리아 무어 네이션(Carry Amelia Moore Nation)은 그렇지 않았다. 캐리는 1846년 버번의 중심지 켄터키주에서 태어났다. 그녀는 찰스 글로이드라는 의사와 결혼을 했지만 알코올 중독자였던 그녀의 남편은 과음으로 결혼 한 달 만에 목숨을 잃고 말았다. 이렇게 불행한 결혼 생활이 막을 내린 뒤 그녀는 켄터키주를 떠나 변호사인 데이비드 네이션을

만나 재혼했다. 그리고 그녀의 새로운 이름, '캐리 네이션(Carry Nation)'은 이후 수많은 술꾼에게 공포의 대상이 되었다. 캐리는 평화적으로 복음을 전파하는 대신 종교적 근본주의를 수호하는 십자군을 자처했다. 그녀는 자신이 직접 악마와 상대하며 하나님과 예수님, 성령과 직접 대화하는 사람이라고 주장했다. 또한 남자들에 대한 다음과 같은 가혹한 견해를 갖고 있었다. "남자들은 니코틴에 쩐 채 맥주와 위스키에 취해 추태를 부리며 번들대는 얼굴에 붉은 눈을 가진 악마이다."

1899년 캐리 네이션은 첫 번째 공격 대상으로 켄터키주 메디신 로지에 있는 모트 스트롱(Mort Strong)의 술집을 택했다. 스트롱은 그 이름답게 주저하지 않고 그녀를 자신의 가게에서 내쫓았다. 하지만 불과 몇 주 후, 마을의 술집 6곳 중 4곳이 그녀의 끈질기고 신랄한 비난을 견디지 못하고 문을 닫고 말았다. 캐리 네이션은 미국, 캐나다, 유럽, 그중에서도 스코틀랜드와 잉글랜드, 아일랜드를 휩쓸며 차츰 성장세를 키워가는 금주 운동에 힘을 얻었다. 1900년 2월 캐리의 십자군은 더욱 공격적으로 변하여 대형 망치로 약국을 때려 부수기까지 했다. 브랜디를 판다는 이유에서였다. 1901년 습격에서는 작은 손도끼를 사용했는데 이후 그녀의 트레이드마크가 되었다. 캐리 네이션의 영향력이 점점 커지면서 그녀는 캘리포니아와 뉴욕까지 다니며 자신의 사명을 완수하는 데 심혈을 기울였다. 그리고 1911년 6월 9일 뇌졸중으로 사망하기 전까지 맹렬한 연설을 이어가며 이에 자극받은 수많은 추종자를 모았다.

캐리 네이션.

181. 금주법을 지지한 유명 인사들

금주법 제정에 영향을 미친 것은 광신적인
종교적 열정만은 아니었다. 대중문화와 정
계에도 그 지지자들이 있었다. 20세기 초에
우드로 윌슨 행정부에서 국무장관에 임명된
윌리엄 제닝스 브라이언(William Jennings
Bryan)이 금주 운동에 참여한 대표적인 정
치인 중 하나이다. 그는 국빈 만찬에서 자신
은 술을 대접하지 않을 것이며 술 대신 물과
포도 주스를 만찬에 올린다는 조건으로 임
명 제안을 수락했다.

윌리엄 제닝스 브라이언.

　　원래 브라이언은 금주법의 시행을 주
마다 자유롭게 선택하게 하자는 입장이었
으나 시간이 지나며 전국적인 시행만이 알코올 문제의 유일한 해결책임을 확
신하게 되었다. 30년 동안 그는 금욕 주제에 대한 미국 전역에서 가장 인기 있
는 연설가로서 전국을 순회하며 활약했다. 그는 옥수수 지대, 면화 지대, 담배
지대 등의 시골 지역에 집중적으로 알코올 반대 연설 활동을 펼쳤다. 이 지역
에서 '사악한 알코올'에 반대하는 그의 메시지는 큰 힘을 얻었다. 30일에 걸친
강연 여행 동안 그는 반술집연대(Anti-Saloon League)를 위해 40만 달러의
후원금을 모금했고 11,000달러를 여행 경비로 챙겼다. 하지만 1920년 볼스테
드법이 제정되자 브라이언은 방관자로서 나라가 술과 부패, 범죄의 나락에 빠
져 악화일로를 걷는 것을 지켜보는 주변 인물로 전락하고 말았다. 1925년 그
는 금주법의 폐지를 보지 못한 채 심장마비로 세상을 떴다.

　　20세기 초, 성공한 야구선수이자 개종한 기독교도인 빌리 선데이(Billy
Sunday) 역시 금주 운동에 수십 년 동안 헌신적으로 매진한 인물이다. 쇼
맨십이 뛰어났던 그는 평범한 언어로 쉽게 연설했으며, "나는 존 칼리콘

(John Barleycorn, 보리로 만든 술
의 병)을 때려눕히고 말겠다."라
는 표현을 즐겨 사용했다. 1920년
1월 16일 전국적인 금주법이 발효
되기 며칠 전 빌리 선데이는 마지
막 시위로 '존 발리콘'의 가상 장례
식을 거행했다.

빌리 선데이.

　　복싱계에도 금주 지지자가 있
었다. 1892년 보스턴의 강철 주먹
이었던 존 설리번(John Sullivan)
은 제임스 코벳에게 헤비급 챔피언 타이틀을 뺏겼다. 그는 처음에는 폭음으
로 마음의 위안을 구했으나 곧 회개하고 기독교로 개종했다. 그리고 금주 운
동에서 술로 인생이 망가질 뻔한 본보기로 나섰다.

182. 금주법 시대 등장한 범죄 조직

윌리엄 제닝스 브라이언이 죽고 난 뒤, 금주법의 어두운 이면이 드러나기 시
작했다. 갱들은 살인과 폭력을 일삼으며 전례 없이 잔인하게 싸웠고, 경찰들
은 불법 음료가 도시 곳곳에서 밀거래되고 있었지만 정기적으로 뇌물을 받으
며 이를 묵인했다. 스코틀랜드인들은 캐나다와 바하마를 거쳐 미국으로 밀수
하는 관행을 기꺼이 받아들였다.

　　회원제 클럽과 주류 밀매점이 전에 없는 호황을 누렸다. 공식적으로는 온
나라가 금주 상태였지만 공무원들은 단속을 나갈 때마다 위스키가 가득 찬 통
뿐만 아니라 시골 지역에서 파괴된 불법 증류기의 잔해를 발견하곤 했다. 비
공식적으로 미국은 역사상 어느 때보다 술에 취해 있는 시대였다. 대형 주류
밀매점은 주류 판매로 연간 50만 달러의 수익을 손쉽게 올렸으며 세금은 한
푼도 내지 않았다. 이 역시 금주법 시행에 따른 또 다른 부작용이었다. 주류

세가 걷히지 않으면서 국가 적자가 급증한 것이다. 당시 연방 정부의 연간 적자액은 대략 5천만 달러에 달했다. 이 '고귀한 실험'은 재정적으로나 도덕적으로 재앙을 향해 치닫고 있었다.

　이러한 상황에서 큰 이익을 누린 것은 알 카포네, 벅스 모란, 하이미 웨이스, 조니 토리오 같은 갱들이었다. 그들은 무력 대치나 밀주 거래를 둘러싼 영역 다툼을 두려워하지 않았고, 그 결과 뉴욕에서 뉴올리언스에 이르는 미국 도시의 거리는 피로 흠뻑 젖게 되었다. 1929년 밸런타인데이에 시카고에서 최악의 사건이 벌어졌다. 벅스 모란의 조직원 7명이 버려진 창고에서 알 카포네 패거리에게 살해당한 것이다. 불법 주류 거래를 둘러싼 갱단의 싸움에 경찰까지 개입되었다고 생각한 대중들은 충격에 휩싸였다(벅스 모란의 조직원들을 살해할 때 알 카포네 일당은 경찰로 위장했다). 일명 '성 밸런타인데이의 대학

살'이 전환점이 되었다. 일반 시민들은 물론이고 경찰도 불법 주류 거래로 인한 폭력 사태를 더 이상 용납하지 않겠다는 분위기가 조성되어 시카고에 250명의 형사가 추가 배치되었다. 하지만 알 카포네가 다른 지역 출신의 암살자를 고용했기 때문에 그들 모두를 추적하기란 매우 어려웠다.

　이 때문에 알 카포네에게 살인이나 위스키 밀수로 유죄 판결을 내릴 순 없었다. 결국 그는 탈세 혐의로 유죄 판결을 받았다. 1931년 미국에서 가장 악명 높은 이 갱은 징역 11년을 선

고발았다. 그리고 8년 후 석방되었으나 이미 병들어 폐인이 된 상태였다. 그는 가난한 삶을 살다가 1947년 플로리다에서 죽음을 맞이했다. 알 카포네를 잡은 사람은 영화 〈언터처블〉의 주인공 중 한 사람인 연방 요원 엘리어트 네스(Eliot Ness)였다.

183. 리얼 맥코이

금주법 시대 가장 유명한 밀수업자는 고급 밀수품, 특히 커티삭(Cutty Sark, 136번 참조)으로 이름을 떨친 윌리엄 맥코이(William McCoy)였다. 그의 이름은 결국 최고급 위스키와 동의어가 되었고 사람들은 밀수된 위스키를 원할 때면 '리얼 맥코이(The Real McCoy)'를 찾기 시작했다. 1933년 금주법이 폐지되었을 때 이 브랜드는 이미 미국에서 명성을 얻고 그 성공을 바탕으로 미국 시장에서 빠르게 시장 점유율을 높여 갔다. 커티삭은 9리터짜리 위스키가 연간 100만 개의 판매고를 올린 최초의 브랜드가 되었다. 이렇게 맥코이의 이름은 목 넘김이 부드러운 위스키와 영원히 연결되어 남게 되었다.

184. 금주법의 폐지

금주법의 종말은 프랭클린 루즈벨트(Franklin Roosevelt) 대통령이 의회에 긴급 조치를 제안하면서 찾아왔다. 1929년 주식 시장의 붕괴와 뒤이은 대공황으로 시민들은 물론 정부 재정도 바닥나면서 사회 전반에 걸쳐 암울한 분위기가 팽배했다. 대통령은 뉴딜 정책으로 대표되는 침체된 경제 회복을 위한 일련의 조치를 제안했고, 이 중 하나가 1933년 12월 5일 수정헌법 21조의 비준과 함께 이루어진 금주법의 폐지였다. 그리고 바로 그달, 뉴욕시에 증류주연구소

(The Distilled Spirits Institute)가 설립되었고 이후 1973년 미국증류주협의회 (Distilled Spirits Council of the United States, DISCUS)로 이름을 변경하였다.

185. 금주법의 여파

센리 프로덕트 컴퍼니(Schenley Products Company)가 설립되어 미국 주류 생산, 유통, 판매의 부활에 중요한 역할을 했다. 지난 '고귀한 실험'으로 폐허가 된 위스키 산업은 새 판에서 다시 시작해야 했다. 극소수의 생산자들만이 전면에 나서 가능한 한 모든 것을 지키고 회복시켰다. 단일 증류소 1곳을 비롯해 정부의 관심을 피해 보존된 몇 통의 술과 많은 유명 브랜드가 새로운 증류 엘리트들의 노력에 힘입어 부활할 수 있었다. 이것이 오늘날 켄터키주 르이빌의 헤븐 힐(Heaven Hill) 증류소가 100종 이상의 다양한 브랜드를 시장에 내놓는 이유 중 하나이다.

프랭클린 루즈벨트 대통령 또한 연방주류관리부(Federal Alcohol Control Administration, FACA)를 창설해 증류 산업을 위한 행동 규범을 작성하게 했다. 이후 FACA는 주류담배무기관리국(ATF)으로 발전하게 된다. 초기에는 즈마다 알코올음료의 생산과 판매에 대한 자체 규정을 두는 것을 허용했는데 서로 상충하는 무수한 법이 양산되는 결과로 이어졌다. 예를 들면 어떤 주는 술은 음식과 함께만 판매될 수 있다고 명시한 반면, 다른 주에서는 금지하는 식이었다.

시간이 흐르며 주의 법들이 어느 정도 표준화되었지만 국가법으로 규제하는 것은 사실상 불가능했다. 오늘날에도 몇몇 주에서는 술 판매가 주 정부가 독점하는 사업이지만 어떤 주에서는 개인 사업체이기도 하다. 워싱턴주 시애틀에서는 위스키 시음회를 열려면 허가를 받아야 하지만, 사우스캐롤라이나주 찰스턴에서는 식당 주인이 마음대로 시음회를 열 수 있다. 이처럼 주마다 법이 다르기 때문에 증류업자들은 신제품을 전국적으로 등록하기 위해 많은 노력을 기울여야 하며, 라벨도 최소 27종을 준비해야 한다.

CANADIAN WHISKY
캐나디안 위스키

186. 캐나디안 위스키는 어떻게 제조될까?

캐나디안 위스키의 증류법은 공정이 복잡하다. 캐나디안 위스키는 사실상 모두 블렌디드 위스키이다. 하지만 그렇게 단순히 설명한다면 캐나다인 입장에서 서운할 것 같다. 그들의 블렌딩과 발효 기술은 예술의 단계로 발전했기 때문이다. 다음에서 캐나다 위스키 공정의 흥미로운 4가지 특징을 살펴보자.

1. 단일 증류소

캐나다 증류사들은 스코틀랜드인들처럼 오크통을 교환하지 않으며 다른 제품을 구매하지도 않는다. 8개의 대형 증류소가 각각 다양한 스타일의 위스키를 생산하지만, 각 위스키는 '단일 증류소 위스키(Single Distillery Whisky)'이다. 캐나다 장인들은 미국의 기술자들처럼 매시빌을 사용하지 않는다. 이들은 각각의 곡물을 개별적으로 분쇄하고 맥아즙을 내고 발효하여 증류액을 만들어 별도로 숙성한 뒤 완벽히 숙성이 끝난 뒤에야 이를 블렌딩한다. 하지만 이러한 규칙에서 예외는 있다. 캐나디안 클럽(Canadian Club)과 블랙 벨벳(Black Velvet)은 숙성 전에 증류액을 블렌딩한다.

2. 2개의 스트림

사용하는 곡물의 종류와 무관하게 캐나다 증류사들은 2개의 스트림(Stream)을 만들며 이는 오크통 숙성이 끝난 뒤에야 합친다. 블렌디드 스카치 위스키와 비슷하지만 비슷한 점은 이게 전부이다. 첫 번째 스트림은 '베이스 위스키

(Base Whisky)'로 불리며 알코올 도수가 95%로 매우 높지만 착향로가 적어
맛이 상당히 중립적이다. 그 맛은 숙성하는 동안 오크통에서 배어나온 것이
다. 베이스 위스키는 보통 이전에 사용되었던 오크통에서 숙성되며 캐나디안
위스키의 '우아함'을 형성한다.

두 번째 스트림은 호밀과 밀, 보리, 옥수수를 낮은 알코올 도수로 증류
한 '향미 위스키(Flavoring Whisky)'이다. 숙성은 새 오크통에서 이루어지나
새 오크통과 사용한 오크통을 혼합해 사용하기도 한다. 향미 위스키마다 증
류법이 각각 다르다. 오크통 종류, 차링 정도, 숙성 기간이 이 과정에서 중요
한 역할을 한다.

캐나다 로키산맥의 물이 증류소로 흘러간다.

3. 착향료

일명 '9.09%' 규정에 따라 캐나디안 위스키에는 위스키와 관련 없는 착향료를 첨가하는 것이 법적으로 허용된다. 따라서 병입 제품의 최대 9.09%가 착향료일 수도 있다. 또한 캐나디안 위스키가 미국에 수출되면 미국 세무 당국의 영향도 받는다. 미국의 위스키 생산자들은 캐나디안 위스키에 미국산 위스키를 첨가한 블렌디드 제품에는 세금 감면을 받는데, 이는 캐나디안 위스키 특

정 브랜드는 보통 캐나다에서는 넣지 않은 향료 첨가물을 미국에서는 넣을 수도 있다는 의미이다. 더욱 혼란스러운 점은 첨가물을 설명할 때 와인과 셰리 와인이 자주 등장하는데 실제로 첨가된 액체는 와인과 셰리 와인과는 아무 상관이 없다는 사실이다. 마지막으로 이러한 첨가물은 나무 캐스크에서 숙성되어야만 캐나디안 위스키 중 하나가 될 수 있다.

4. 싱글 몰트 위스키와 크래프트 증류

크래프트 증류는 미국과 유럽만큼 캐나다에서도 인기를 끌고 있다. 현재 캐나다에는 300개 이상의 소규모 크래프트 증류소가 존재한다(그중 일부는 323번 지도에서 확인할 수 있다). 캐나다 싱글 몰트 위스키의 대표적인 제품은 노바스코샤에 위치한 글렌노라(Glenora)라는 소규모 증류소에서 생산한 글렌 브레튼(Glen Breton)이다.

위 : 노바스코샤에 위치한 글렌노라 증류소는 싱글 몰트 위스키를 생산한다.
옆 페이지 위 : 새 증류주가 채워지길 기다리는 빈 오크통(캐나다 퀘벡주의 밸리필드 증류소).
옆 페이지 아래 : 크라운 로얄은 캐나다 위스키의 대표적인 제품이다.

187. 캐나디안 위스키란?

캐나디안 위스키는 지역마다 증류법이 다른 데다 위스키 증류 방식에 대해 일반적으로 규정한 법도 없어서 한마디로 정의하기 어렵다. 캐나디안 위스키에 대한 기본적인 정의는 식품의약품법에서 찾아볼 수 있지만, 캐나다만의 규칙과 규정으로 보기는 어렵다. '캐나디안 위스키', '캐나디안 라이 위스키' 혹은 일반적인 '라이 위스키'의 정의를 간단히 정리하면 다음과 같다.

A. ◆ 음용 가능한 알코올 증류액 또는 이러한 증류액의 혼합물은 곡물의 맥아즙이나 곡물 생산물을 원료로 하며, 맥아나 다른 효소의 디아스타아제로 당화 과정을 거쳐 효모나 효모와 다른 미생물의 혼합물로 발효되어야 한다.

◆ 최소 3년 이상 700리터 미만의 캐스크에서 숙성을 거쳐야 한다.

◆ 캐나다 위스키의 향과 맛, 특징이 일반적으로 함유된 음료여야 한다.

◆ 세법 및 그 밖의 관련 규정에 따라 제조되어야 한다.

◆ 캐나다에서 매싱, 증류, 숙성 공정이 이루어져야 하며, ABV 40% 이상이 되어야 한다.

B. ◆ 캐러멜과 다른 착향료가 포함될 수도 있다.

188. 캐나다 위스키는 얼마 동안 숙성시킬까?

캐나다는 세계 최초로 위스키의 최소 숙성 기간을 정한 나라이다. 디에 따라 캐나다에서 출시되는 위스키는 최소 3년 이상 숙성 기간을 거쳐야 한다. 이는 스코틀랜드보다 27년이나 앞선 조치이다.

캐나다 마니토바에 위치한 김리 증류소.

JAPANESE WHISKY
일본 위스키

189. 일본 위스키는 어떻게 제조될까?

초창기 일본 증류사들은 자국산 곡물 증류액에 스코틀랜드에서 수입한 싱글 몰트와 블렌디드 위스키를 혼합한 블렌디드 위스키만 만들었다. 증류 과정은 비슷하지만 일본 위스키는 스코틀랜드 싱글 몰트와는 전혀 다른 풍미를 가진다. 일본 위스키는 훨씬 가벼우며 향이 뚜렷하다. 곡물의 특징이 없는 것도 스카치 위스키와 다른 점인데, 이는 숙성할 때 향이 강한 일본산 오크를 사용하기 때문이다. 위스키 평론가 데이브 브룸은 저서 《World Atlas of Whisky》에서 일본 위스키에 대해 이렇게 평했다. "스코틀랜드산 싱글 몰트가 맹렬하게 불타는 산불이라면, 일본산 몰트는 속이 훤히 보이는 맑은 연못이다."

　발효 방식도 약간 다르다. 일본인들은 동아시아 요리에 사용되는 콩을 발효한 국균(누룩)과 증류소의 효모를 다른 재료에 첨가하는 발효 방식을 사용한다. 국균에는 백국균, 흑국균, 황국균의 세 종류가 있는데 증류사의 선호도에 따라 바꿔가며 사용된다. 유럽 증류소에서는 국균 사용이 허용되지 않으므로 일본 위스키의 독특함은 바로 여기에서 형성되는 것이다.

옆 페이지 : 일본 북부 홋카이도에 있는 요이치 증류소에서
　　　　제조하고 숙성되는 니카 위스키.

하쿠슈 증류소는 일본 알프스의 3개 산줄기 중 하나를 수원으로 사용한다.

190. 일본 위스키는 얼마 동안 숙성시킬까?

일본 위스키 제조사는 리필 버번 배럴과 셰리 와인 오크통 또는 토종 미즈나라오크로 만든 오크통을 사용한다. 일본 싱글 몰트는 다른 형태의 증류기에서 생산한 증류액을 숙성 후 혼합하기 때문에 풍미의 폭이 넓다. 증류기의 형태가 위스키의 궁극적인 맛에 영향을 미치는데 증류액이 노출되는 구리 표면의 넓이, 스완 넥의 길이, 라인 암의 각도, 그리고 사용되는 응축기(73번 참조)가 환류(70번 참조)와 관련이 있기 때문이다.

　　일본 남부에서는 더 추운 북부보다 위스키의 숙성 속도가 더 빠르지만 법적으로 최소 3년 이상 오크통에서 숙성해야 한다. 일본 전역에 걸쳐 크고 작은 20여 개의 증류소가 분포하고 있으며, 그중 산토리(Suntory)의 야마자키(Yamazaki) 증류소가 가장 크고 유명하다(324번 참조).

CHAPTER 4

IN THE BOTTLE AND ON THE BOTTLE

4장 병입과 라벨 읽기

191. 위스키를 병입하는 시기는 언제일까?

숙성된 위스키를 병입할 시기를 결정하는 것은 마스터 블렌더이다. 그는 수많은 샘플을 시음하며 계속해서 오크통에 담긴 위스키의 숙성 정도를 모니터링한다. 마케팅 부서에서 특정한 맛의 프로필을 요청하기도 하는데, 그러면 마스터 블렌더는 자신의 블렌딩 라이브러리를 검색하여 시음단을 위한 샘플을 만든다. 그리고 시음단이 동의하면 샘플과 관련된 오크통을 비우고 그 내용물을 블렌딩하여 병에 담는다. 위스키는 항상 생산되는 국가에서 규정한 최소한의 숙성 기간이 지난 뒤에 병입한다.

192. 위스키는 어디에서 병입할까?

대부분의 위스키는 여러 증류소와 거래하는 중앙 병입 공장에서 병입한다. 스코틀랜드에는 브룩라디, 스프링뱅크, 글렌 그란트, 글렌피딕(현장에서 생산량의 일부만 병입함) 등 소수의 증류소가 자체 병입 설비를 갖추고 있다. 미국에서는 자체 병입 시설을 마련해 운영하는 증류소가 더 흔한데 짐 빔, 포 로지즈, 잭 대니얼스가 대표적이다.

193. 병입할 때 위스키의 알코올 도수는 어떻게 될까?

병입할 때의 가장 보편적인 알코올 도수는 ABV 40%(병입 위스키의 최소 기준)와 43%이다. 각 증류소마다 선호도가 다르며 독립병입업자들도 그렇다. 스코틀랜드에서는 대부분의 위스키가 ABV 63.5%로 희석되어 오크통에 담기고 숙성 기간 동안 매년 약 2%가 증발한다.

옆 페이지 : 스코틀랜드 글래스고 근처의 중앙 병입 공장.

194. 병입 전 '희석 과정'이란?

대부분의 위스키는 원하는 ABV로 만들기 위해 병입 전 탈염수로 희석한다. 희석 과정 없이 원액으로 병입되는 경우도 있는데 보통 독립병입업자들이 그렇게 한다. 이 경우 라벨에 '캐스크 스트렝스(Cask Strength)' 또는 '배럴 스트렝스(Barrel Strength)'라고 표시한다.

195. 병입 전 '여과 과정'이란?

위스키는 보통 병입 전 냉각여과(Chill Filtering) 과정을 거친다. 액체의 온도를 섭씨 4도 이하로 낮추는 작업으로, 이렇게 하면 다양한 성분이 굳기 때문에 여과기에서 원치 않는 지방산과 오크통의 작은 숯 입자 같은 불순물이 걸러진다. 만약 냉각여과 과정을 거치지 않았다면 라벨에 '비냉각여과(Unchill Filtered 또는 Non Chill Filtered)'라고 표시한다. 비여과된 위스키는 물과 섞이거나 온도가 낮아지면 탁하게 변할 수도 있지만 자연스러우며 무해한 현상이다.

196. 병입 전 위스키에 색소를 넣을까?

색의 일관성을 유지하기 위해 소량의 캐러멜로 위스키에 색을 내는 것은 법적으로 허용된다. 이때 색소의 양은 극소량이므로 거의 맛을 느낄 수 없는 수준이다. 그러나 스웨덴과 독일 같은 일부 유럽 국가에서는 라벨에 명시하도록 법으로 정해 두었다(독일은 '색소 첨가'라는 뜻의 'Mit Farbstoff'라는 표현을 사용함). 다른 나라에서는 라벨에 표시하는 것이 의무화되어 있지 않다.

197. 로우 캐스크 위스키란?

여과 과정을 거치지 않은 위스키를 '로우 캐스크 위스키(Raw Cask Whisky)'라고 부른다. 따라서 병 안에 미세한 숯 입자가 떠다닐 수 있으므로 다시기 전에 작은 체로 숯을 걸러내기를 권한다. 독립병입업자 블랙애더(Blackadder)가 이러한 타입의 위스키를 판매한다.

198. 위스키 라벨 읽는 법

라벨은 위스키의 여권과도 같다. 병의 내용물에 대한 모든 정보까지는 아니더라도 상당한 정보를 담고 있다.

◆ **원산지(Origin)** 원산지는 생산 국가를 나타낸다. 여러분이 선택한 위스키의 종류에 대해 제일 먼저 확인하는 정보이다.

◆ **품목(Type)** 켄터키 스트레이트 버번, 싱글 몰트, 블렌디드 등 세부 분류를 나타낸다(200번 참조).

◆ **지역명(Region)** 지역명은 주로 스카치 싱글 몰트 위스키에 사용되는 분류로 스페이사이드(Speyside), 아일레이(Islay), 하일랜드(Highlands), 캠벨

타운(Campbeltown), 로우랜드(Lowlands) 등 위스키의 생산지를 나타낸다. 보통 맛을 나타내는 지표로 사용되지만 늘 그런 것은 아니다. 일반적으로 아일레이 위스키는 묵직하고 스모키한 향이 특징이며, 로우랜드 위스키는 가볍고 섬세하며, 다른 지역은 이 둘의 특징 사이에서 다양한 풍미의 위스키를 생산한다. 하지만 스모키하지 않은 아일레이 위스키와 과일과 꽃 향으로 유명한 스페이사이드 위스키에도 피트 향이 나는 제품처럼 예외도 존재한다.

- **숙성 연수(Age)** 숙성 연수는 병입하기 전까지 위스키가 오크통에 담겨 있었던 햇수를 나타낸다. 라벨에 표시된 위스키의 연수는 병에 담긴 위스키 중 숙성 연수가 가장 낮은 위스키의 연령이다. 보통 미국과 캐나다 위스키의 라벨에는 숙성 연수가 표시되지 않지만, 스코틀랜드 몰트와 프리미엄 블렌디드 위스키는 대부분 숙성 연수를 표시한다. 일부 싱글 몰트 스카치 위스키는 증류 연도와 병입 연도의 두 종류로 연령을 표시하기도 한다. 이렇게 표시한 제품을 '빈티지 몰트 위스키(Vintage Malt Whisky)'라고 한다.

- **이름(Name)** 위스키에는 보통 증류소 이름을 붙이지만 맥캘란 앰버(Macallan Amber), 탈리스커 스톰(Talisker Storm), 아벨라워 아부나흐(Aberlour A'Bunadh), 짐 빔 블랙(Jim Beam Black), 잭 대니얼스 No.27 골드(Jack Daniel's No.27 Gold), 와일드 터키 포기븐(Wild Turkey Forgiven) 등 별칭을 더하기도 한다. 이들 이름은 특정한 색과 맛, 숙성, 주변 환경, 기후 조건, 원산지 등을 나타낸다. 맞춤형 위스키 브랜드는 주문한 고객이 이름을 지을 수도 있다.

- **증류소명(Distillery Name)** 대부분의 경우 증류소와 위스키의 이름이 동일하다. 하지만 늘 예외는 있는 법. 헤븐 힐(Heaven Hill) 증류소는 자체 브랜드와 외부 브랜드로 100종이 넘는 버번과 라이 위스키를 생산하고, 증류소의 이름이 붙은 것은 그중 단 하나이다. 토버모리(Tobermory) 증류소는 토버모리(Tobermory)와 르첵(Ledaig), 두 이름으로 싱글 몰트를 생산한다.

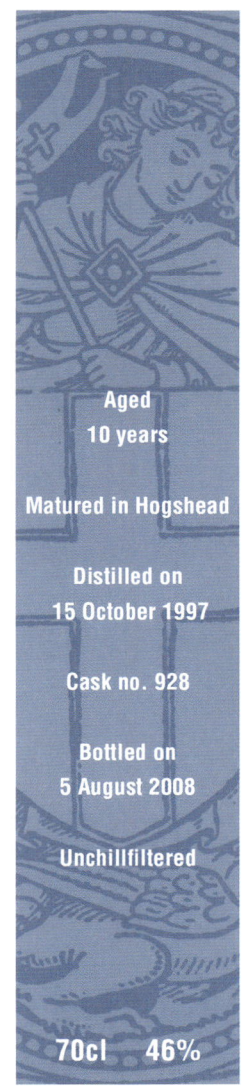

Speyside Single Malt Scotch Whisky

Distilled at Macallan Distillery
Vintage 1997

Cask individually selected
by Hans Offringa
for the

City of Zwolle

**Aged
10 years**

Matured in Hogshead

**Distilled on
15 October 1997**

Cask no. 928

**Bottled on
5 August 2008**

Unchillfiltered

70cl   46%

Bottle no. *1* of 350

Bottled by Signatory Vintage Scotch Whisky Co. Ltd.
Pitlochry PH16 5JP Scotland
Label design by Gijs Dragt

◆ **알코올 도수(ABV)** 병에 담긴 위스키의 알코올 도수는 ABV로 표시한다. 대부분 위스키는 병입 전 40~43%로 희석하고 희석하지 않은 위스키는 60% 이상일 수도 있다. 희석하지 않은 경우 라벨에 정확한 알코올 도수와 함께 '캐스크 스트렝스(Cask Strength)'라고 표시한다. 미국 위스키는 라벨에 ABV 대신 '프루프(Proof)'라고 쓰기도 하는데, 1프루프를 2로 나누면 ABV 값이 된다(90프루프는 ABV 45%인 셈이다).

◆ **여과(Filtering)** 대부분의 위스키는 불순물을 제거하기 위해 병입 전 냉각여과 과정을 거친다. 여과하지 않은 제품은 라벨에 '비냉각여과(Unchill Filtered 또는 Non Chill Filtered)'라고 표시한다.

◆ **용량(Volume)** 미국 병의 표준 용량은 75㎗(센티리터)이지만 유럽은 70㎗가 더 보편적이다. 다양한 브랜드가 20㎗, 35㎗, 1ℓ, 1.75ℓ 용량의 제품을 출시한다. 미니어처 제품은 보통 5㎗이다(1㎗는 10㎖이다).

◆ **창립 연도(Foundation)** 공식적으로 증류소에서 병입한 위스키에 표시된 것은 증류소가 설립된 날짜이며 독립병입이라면 병입회사가 설립된 때를 가리킨다.

◆ **병입사명(Bottling Company Name)** 법적으로 위스키를 구입하고 병입한 회사의 이름을 명시해야 한다.

◆ **로고(Logo)** 위스키의 시각적 정체성이 로고의 형태로 나타난다. 몇몇 유명한 로고는 여러 해에 걸쳐 변화했다. 조니 워커(Johnnie Walker)의 걸어가는 남자 스트라이딩 맨(Striding Man)은 과거에는 오른쪽에서 왼쪽으로 걸었으나 오늘날은 다른 방향을 향하고 있다. 더 페이머스 그라우스(The Famous Grouse) 라벨의 '뇌조'라는 새는 예전에는 깃털이 정교하게 표현되었으나 오늘날은 턱시도 차림과 비슷해졌다.

◆ **시음 노트(Tasting Note)** 위스키 병에 항상 시음 노트 정보가 들어가지는 않는다. 라벨에 없다면 포장재에 담기도 한다. 위스키 병을 튜브형 통

에 넣어 포장하면서 브랜드 정보와 테이스팅 노트를 담은 작은 책자가 첨부된다. 라프로익은 멤버십 회원제(Friends of Laphroaig, FOL)를 운영하며 회원들을 위해 이러한 소책자를 늘 동봉한다.

199. 원산지가 알려주는 정보는 무엇일까?

원산지(Origin)는 위스키가 증류되고 숙성된 나라를 알려주는 정보이다. 위스키 원료로 사용된 곡물의 생산지는 세계 어디든 무방하다. 스코틀랜드는 위스키가 자국 내에서 병입되어야 한다는 규칙이 있지만, 다른 나라는 이만큼 구체적이진 않다. 많은 미국 위스키가 유럽으로 대량 수출되어 현지 병입 공장에서 병입된다.

200. 품목이 알려주는 정보는 무엇일까?

품목(Type)은 위스키 제조에 사용된 곡물에 대한 정보로, 이를 통해 위스키 원산지를 파악할 수도 있다. 예를 들어 '싱글 몰트'는 맥아로만 만들어지지만 어디서든 증류가 가능하고, '일본 위스키'는 일본산이지만 스카치 위스키와 블렌딩될 수도 있다. '버번'이라고 이름 붙은 것은 미국산임을 파악할 수 있다.

201. 숙성 연수로 무엇을 알 수 있을까?

라벨에 표시된 숙성 연수(Age)는 위스키가 오크통 안에서 숙성된 햇수를 가리킨다. 보통 사람들이 생각하는 것과 달리 연수가 높은 위스키가 연수가 낮은 위스키보다 품질이 좋다고만은 할 수 없다. 오크통에서 너무 오랜 시간을 보낸 위스키는 떫은 뒷맛이 나는 쌉쌀한 '오크 주스'로 변할 수도 있다. 반면에 숙성 기간이 너무 짧으면 위스키의 맛이 독하고 균형이 맞지 않을 수도 있다.

202. 숙성 연수 표시는 의무 사항일까?

스코틀랜드, 아일랜드, 일본, 캐나다에서는 숙성 연수 표시가 의무 사항이 아니다. 미국에서는 병입된 위스키가 4년 미만이거나 스트레이트 위스키에만 숙성 연수 표시가 의무적으로 적용된다. 그 밖의 국가에서도 위스키의 연령 표시는 의무 사항이 아니다.

203. 이름이 알려주는 정보는 무엇일까?

병 라벨의 이름(Name)이 반드시 위스키의 원산지에 대한 신뢰할 만한 정보를 전하는 것은 아니다. 예를 들어 '글렌 브레튼(Glen Breton)'이라면 스카치 위스키로 생각하기 쉽지만 사실은 캐나다산 싱글 몰트이다. '글렌'이라는 단어가 스카치 위스키에 단골로 사용되는 이름이기 때문에 생기는 오해이다.

204. ABV란?

ABV는 '부피당 알코올 함량(Alcohol by Volume)'의 약자이다. 나라에 따라 ABV라는 표시를 빼고 알코올 도수를 단순히 퍼센트(%)로 표시하기도 한다. 위스키로 인정받으려면 최소 ABV 40% 이상이어야 한다.

205. 위스키 병의 용량이란?

병입된 위스키의 용량(Volume)은 나라마다 다르다(198번 참조). 법적으로 정해진 기준은 없으며 유럽에서는 대부분 70㎗, 미국은 75㎗로 병입한다.

206. 프루프란?

프루프(Proof)는 음료에 포함된 알코올의 비율을 측정하는 단위로 18세기 잉글랜드에서 유래되었다. 프루프는 화약으로 증류액에 불을 붙이는 방식으로 측정되었다. 물과 알코올의 혼합액에 불이 붙으면 그 용액에 알코올이 함유되어 있다는 사실이 '증명(Proof)'된 것이고, 그렇지 않으면 '언더프루프(Underproof)'라고 불렀다. 당시 100프루프는 ABV 57.15%와 같았다. 유럽에서는 이러한 측정 방식을 더 이상 사용하지 않는다. 미국은 프루프를 ABV로 한다는 자체 기준을 가지고 있으며 일부 라벨은 이 2가지 방식을 모두 표시하기도 한다.

207. NAS란?

NAS는 '무연산(No Age Statement)'의 약자로, 숙성 연수에 대한 정보가 없는 위스키를 가리킨다. 이 용어는 생산자가 아니라 소비자가 만들어낸 것이다.

208. E150a란?

E150a는 최종 제품의 색상이 일관성을 유지하도록 위스키에 소량 함유되는 캐러멜 색소를 가리킨다. 캐러멜은 맛에 영향을 미치지 않으며 순전히 색상 효과를 내기 위한 용도일 뿐이다.

209. 싱글 몰트는 무엇을 뜻할까?

싱글 몰트(Single Malt)는 싱글 몰트 위스키를 가리키며, 맥아만을 원료로 하여 단일 증류소에서 구리 포트 스틸로 만들어진 위스키를 말한다.

210. 독립병입업자란?

19세기 위스키 업계에 첫 상업 브로커가 등장했는데 이들이 오늘날 독립병입업자(Independent Bottler)의 전신이다. 이들은 여러 증류소에서 대량으로 위스키 오크통을 매입한 뒤 내용물을 블렌딩하여 병입거나 오크통째 술집과 식당에 팔았고 가끔은 부유한 개인 소비자에게 판매하기도 했다. 병입업자가 구입한 오크통은 물류 상의 문제나 공간 부족으로 대부분 증류소에 보관해야 했다. 그들은 구입한 제품에 대해 자유롭게 통제권을 행사하며 병입 시기를 결정

했으며, 각 증류소의 마스터 디스틸러는 이에 대한 발언권이 없었다. 국제적으로 유명한 대형 독립병입업자로는 아델피(Adelphi), 카덴헤드(Cadenhead), 던컨 테일러(Duncan Taylor), 더글라스 랭(Douglas Laing), 고든 앤 맥페일(Gordon & MacPhail), 모리슨 앤 맥케이(Morrison & Mackay), 시그나토리(Signatory)가 있다.

211. 공식병입과 독립병입이란?

공식병입(Official Bottling, OB)은 증류소 병입을 말하며, 독립병입(Independent Bottling, IB)은 독립병입업자가 증류소에서 오크통을 사서 개별적으로 병입하는 것이다. 독립병입한 위스키는 증류소에서 사용하는 이름과 다른 이름으로 라벨에 표시되며, 일부 증류소에서는 독립병입업자가 매입한 제품에 자신들의 이름을 붙이는 것을 허용하지 않기도 한다. 그래서 한 독립병입업자는 '이름을 붙일 수 없는 제품(The One That Cannot Be Named)'이라고 이름 붙이기도 했다. 또한 알코올 도수(ABV)에서도 차이가 있다.

212. 싱글 캐스크 또는 싱글 배럴이란?

라벨에 '싱글 캐스크(Single Cask)'나 '싱글 배럴(Single Barrel)'이라 표시되어 있다면 단일 캐스크나 배럴의 위스키만 병에 담았다는 의미이다. 따라서 병입된 제품의 수는 한정적이며, 총 342병 중 56번 같은 식으로 병마다 일련번호가 매겨지는 경우가 많다.

213. 한정판이란?

한정판(Limited Edition) 위스키는 일정 시기에 제한된 양만 출시된 것이다. 반드시 싱글 캐스크나 싱글 배럴일 필요는 없다. 미국에서는 '스몰 버치(Small Batch)'라고도 부른다. 증류소는 토르, 로키, 프레야, 오딘으로 이루어진 하이랜드 파크의 발할라 컬렉션(Valhalla Collection) 같은 한정판 라인을 출시하기도 한다.

214. 위스키에 어떤 병을 사용할까?

보통 위스키 병의 재료로 유리를 가장 많이 사용하지만 플라스틱도 사용한다. 플라스틱은 특히 미국에서는 '깨지지 않는 병'이라며 칭송받는다. 병의 표준 용량은 미국에서는 75㎗, 유럽에서는 70㎗가 보편적이다. 1리터짜리는 대체로 면세점용 제품이지만 간혹 동네 주류점에 등장하기도 한다. 도매업자들이 표준 수입 규정의 허점을 이용해 병행 수입한 제품이다. 위스키 병의 표준 형태가 있긴 하지만 대부분의 증류소는 자신들의 제품을 경쟁 제품보다 눈에 띄게 할 독특한 디자인을 선호한다.

좌 : 싱글 몰트 글렌드로낙의
　　표준 사이즈 병.
우 : 디자인이 독특한 싱글 몰트
　　카듀의 병.

215. 위스키는 얼마나 오래 보관할 수 있을까?

오크통에 담긴 위스키는 ABV 40% 미만으로 떨어지거나 완전히 증발하지 않는다면 수년간 보관이 가능하다. 병입된 위스키는 산소가 유입되지 않는 이상 무한의 수명을 가진다. 하지만 일단 병을 열면 천천히 산화되어 싱거워지거나 그 풍미가 변할 수 있다. 그리고 병에 남은 양이 적을수록 변질이 빠르다. 경험상 위스키를 최상의 상태에서 즐기고 싶다면 병을 열고 2~3년 내에 다 마시길 권한다. 위스키는 다른 식품류와 달리 상하지는 않는다.

216. 위스키를 보관하는 최고의 방법은 무엇일까?

위스키의 품질을 유지하며 안전하게 보관하기 위한 최상의 방법은 실온이나 지하실 정도의 온도에서 보관하는 것이다. 차가운 상태로 보관하면 색이 탁해질 수 있다. 액체의 성분이 응고되기 때문인데 맛에는 영향을 미치지 않는다. 병은 직사광선을 피해 똑바로 세워두고 가끔 위아래를 뒤집어 코르크 마개를 적시는 것이 좋다. 병을 눕혀두면 코르크 마개를 제작할 때 들어가는 접착제가 알코올과 접촉하여 녹아들어 위스키를 상하게 할 수 있다.

217. 병 안의 위스키에서는 무슨 일이 일어날까?

와인과 달리 위스키는 일단 병입되면 더 이상 숙성이 진행되지 않는다. 코르크나 스크루 마개로 병이 밀봉된 다음에는 아무 일도 일어나지 않는 것이다. 하지만 일단 병을 열면 산화 현상의 영향으로 맛이 서서히 변한다. 하지만 상하는 것이 아닌, 본래의 특색을 잃을 뿐이다. ABV가 높을수록 변화 속도도 느려진다. 맛을 유지하기 위해 개봉한 병을 파라핀으로 밀봉하거나 와인 병 개봉용으로 고안된 작은 펌프인 배큐 빈(Vacu Vin)을 이용해 병을 진공 상태로 보관할 수도 있다.

218. 오래된 병 영향이란?

일명 '오래된 병 영향(Old Bottle Effect, OBE)'은 위스키 마니아들 사이에서 토론의 주제가 되곤 한다. 어떤 이들은 개봉하지 않은 위스키라도 오랫동안 보관되었다면 그 맛이 서서히 변한다고 생각한다. 하지만 이는 여전히 논쟁거리로 남아 있다. 장기 보관한 병을 일단 개봉하면 그 위스키가 갑자기 산소에 노출되어 맛이 변할 수도 있다. 30~40년 전에 만들어진 위스키가 오늘날 만들어진 위스키와 맛이 다르다는 의견은 충분히 합리적인 추정이다. 만약 똑같은 브랜드의 최근 제품과 30년 전 제품을 비교한다면 어떤 것은 그 특징이 크게 변했을 테고 어떤 것은 거의 바뀌지 않았을 것이다.

새 병에 비해 오래된 병의 내용물 높이가 낮다면 제대로 밀봉되지 않았다는 의미이며, 이 경우 산화의 피해를 입게 된다. 하지만 OBE에 대한 과학적 증거는 없다. 오래된 병과 새 병의 명확하고 유일한 차이점은 1970년대까지는 병 안쪽에 코팅이 되어 있지 않았다는 점이다. 하지만 코팅 여부가 맛을 보존하는 데 영향을 미치는지는 아직 밝혀진 바가 없다.

219. 스크루 마개는 어느 때 사용될까?

병입할 때 스크루 마개(Screw Cap)의 사용에 대한 가이드라인은 없으며 증류사의 취향에 따라 결정된다. 많은 위스키는 스크루 마개로 병입되어 있고, 그중에는 고든 앤 맥페일의 '코니서스 초이스(Connoisseurs Choice, 전문가의 선택)' 시리즈처럼 역사가 오래된 제품도 있다. 단단히 밀봉되기만 한다면 스크루 마개는 병을 밀봉하는 훌륭한 방법이다.

티처스는 1913년 스크루 마개로 출시된 최초의 위스키이다.

220. 코르크 마개는 어느 때 사용될까?

티처스 가문의 한 후손이 1913년 스크루 마개를 발명한 뒤 코르크 마개(Cork Stopper)의 사용이 점차 감소하다가 수십 년 전 다시 그 명맥을 되찾았다. 싱글 몰트 위스키와 비싼 고급 라인 제품들은 보통 코르크 마개를 사용한다. 코르크 마개를 촉촉하게 유지하기 위해 개봉하지 않은 병은 규칙적으로 뒤집어 주어야 개봉할 때 코르크 마개가 부서지지 않는다. 코르크의 부패로 위스키가 오염되어 위스키에 코르크 냄새가 배인 경우는 거의 없다.

221. 왜 수많은 스카치 위스키의 이름은 '글렌'으로 시작할까?

오래전 스코틀랜드 하이랜드 지방에서는 위스키 증류가 허가증 취득 비용이 비싼 탓에 대부분 불법으로 행해졌다. 그래서 증류소는 범법자를 색출하려는 영국 세관원들의 눈을 피해 장비를 숨겨야 했다. 스코틀랜드어로 '계곡'을 뜻하는 '글렌(Glen)'은 지형적으로 증류기를 숨기기에 최적의 장소였다. 게다가 위스키 제조에는 대량의 물이 필요한데, 강물이나 시냇물은 글렌을 통해 흐르기 때문이기도 했다. 글렌보다 더 넓은 계곡을 뜻하는 스트라스(Strath)는 스트라스밀(Strathmill)과 스트라스아일라(Strathila) 같은 이름에 남아 있다. 스코틀랜드에서 가장 유명한 글렌은 리벳강의 글렌이다.

옆 페이지 : 짐 빔 병입 라인에서 사용되는 코르크 마개(클레몬트 증류소).
다음 페이지 : 리벳강의 협곡 지대에 자리잡은 글렌리벳 증류소는 세계에서 가장 유명한 싱글 몰트 중 하나를 생산한다.

CHAPTER 5

TASTING
WHISKY

5장 위스키 시음

222. 위스키는 어떤 잔에 마셔야 할까?

위스키 향을 맡고 시음하는 것은 완벽한 잔을 선택하는 데서 시작한다. 널리 알려진 텀블러(Tumbler)는 마시기 쉽고 위스키 온더락에 적합한 글라스이다. 위스키에 진저에일이나 콜라, 소다수를 섞는 걸 즐긴다면 긴 잔이 적합할 것이다. 하지만 맛과 향의 섬세한 차이를 음미하고 싶다면 위는 가늘고 바닥은 둥근 형태의 특별한 시음용 잔을 권한다. 튤립 모양을 닮아서 '튤립(Tulip)' 또는 '코피타(Copita)'라고 불리는 이 형태의 잔에서는 위스키가 잘 휘저어지며 입구가 좁아 향을 붙잡아두기 좋다. 시음용 잔의 종류는 다리가 있는 것과 없는 것, 형태와 크기가 다양하다. 향을 오래 보존하기 위해 유리 뚜껑이 있는 제품도 있다. 잔에 위스키를 30㎖ 정도 따르고 천천히 돌린 뒤 그 색을 음미하며 마신다.

223. 위스키의 향은 어떻게 느껴야 할까?

위스키 잔의 1~2cm 위에 코를 대고 향을 맡는다. 입을 다문 채 향을 맡는 것과 입을 연 채 맡는 것의 차이도 느껴보자. 토끼처럼 조금 냄새를 맡고 입으로 숨을 내쉰다. 잔에 코를 너무 깊이 넣고 깊게 들이마시면 알코올이 후각 수용체를 마비시키므로 이후 10~15분 동안 맛이나 냄새를 느끼기 어렵다.

224. 위스키는 어떻게 시음해야 할까?

위스키를 경험하고 즐기는 방법은 색을 관찰하기, 향 맡기, 맛보기, 목 넘김 느끼기 등 다양하다. 맛보기는 시음의 중요한 부분이므로 천천히 진행하는 편이 좋다. 먼저 한 모금만 조금 마신다. 즉시 삼키지 말고 입에 머금으며 입안에서 굴려본다. 그러면 단맛, 짠맛, 쓴맛, 신맛이 느껴질 것이다. 하지만 이모든 맛의 강도는 다르다. 40도 이상의 독한 술에 익숙하지 않다면 먼저 물을

한 모금 마신 뒤 위스키를 마셔보자. 그러면 맛과 향을 느끼면서도 알코올의
화끈한 느낌은 피할 수 있을 것이다.

225. 위스키에서 느낄 수 있는 맛과 향은 몇 가지나 될까?

전문가들은 수백 가지의 맛과 향을 발견하고 꽃, 과일, 맥아, 바닐라, 스모크,
나무, 허니, 너트, 향신료, 약초 등 10가지 주요 그룹으로 분류하여 그 특징을
기술했다. 대부분 처음 5가지는 쉽게 구분하지만, 뒤의 5가지를 느끼려면 훈
련과 경험이 필요하다. 위스키를 시음하고서 처음에 과일과 꽃 향을 느꼈다면
다음에는 더 많은 향을 구분하고 사과, 파인애플, 바나나, 바이올렛, 재스민
등의 미세한 차이도 느끼게 될 것이다. 위스키 평론가 찰스 맥클린은 위스키
의 향을 분류하는 데 실용적인 도구인 위스키 휠(Whisky Wheel)을 개발했다.

시음하면서 감지하는 모든 향은 자연적으로 형성된 것이다. 위스키는 캐
나다 위스키를 제외하고 법적으로 맛을 향상시키기 위한 첨가물을 넣을 수
없으며 만약 그렇다면 위스키라고 불릴 수 없기 때문이다. 위스키 향과 맛의
60% 이상이 증류액이 숙성되는 오크통에 의해 형성되며 숙성 기간, 창고의
위치, 주변의 미세 기후에도 영향을 받는다. 일반적으로 유럽산 오크통은 주
로 말린 과일 향을 만들어내고, 아메리칸 오크통에서 숙성된 위스키의 전형적
인 특징은 바닐라 향이다. 위스키의 스모키한 향은 피트를 태운 불에서 맥아
를 건조할 때 생겨난다. 피트 자체는 냄새가 없지만 페놀 입자를 포함한 연기
가 맥아에 달라붙는다. 이 미세한 입자들이 아드벡, 보모어, 라가불린, 라프
로익 같은 위스키에 독특하고 스모키한 맛과 향을 더해준다.

당연히 다른 사람들보다 향을 더 잘 맡는 사람도 있지만 상황에 영향을 받
기도 한다. 예를 들어 최근에 감기를 앓았거나 마늘이나 매콤한 카레를 먹었
다면 미각과 코가 손상된다. 또한 위스키가 따뜻한지 차가운지 온도도 중요하
다. 위스키의 온도는 잔에서 퍼지는 향에도 영향을 미치기 때문이다. 이러한

CHARLES MACLEAN'S
WHISKY WHEEL

찰스 맥클린의 위스키 휠

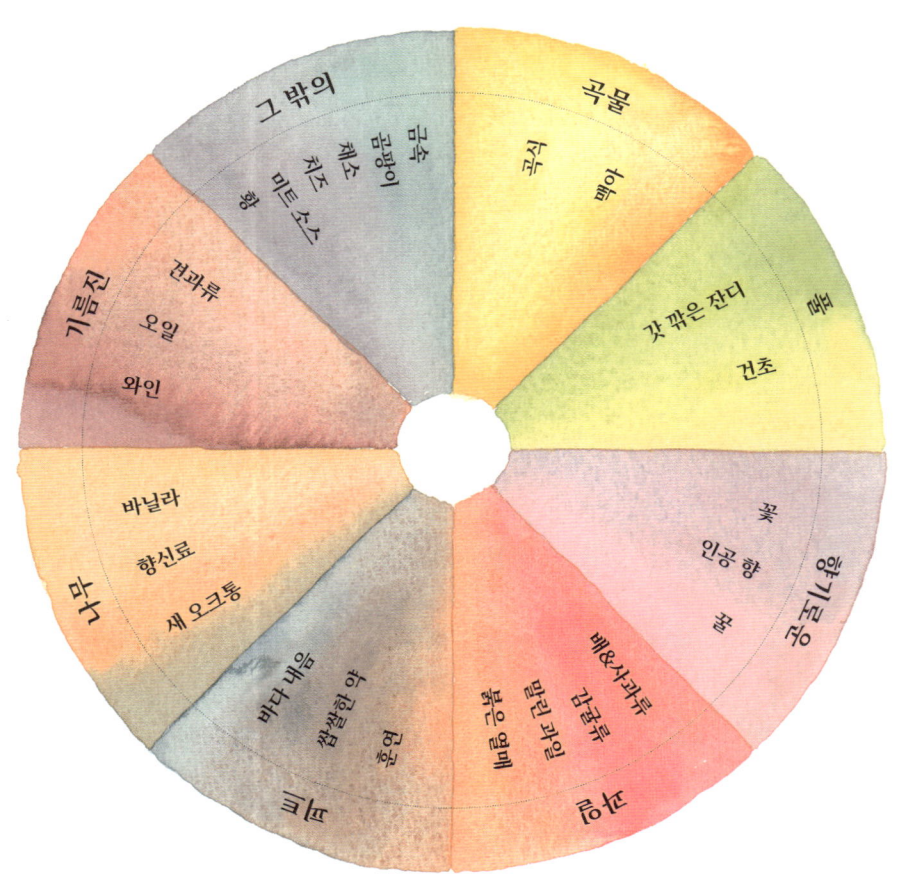

상황적 한계를 제외하고, 모든 사람이 위스키를 제대로 시음할 능력을 갖춘 것은 아니다. 하지만 염려할 필요는 없다. 맛을 본다는 것은 지극히 개인적인 경험이다. 무엇보다 중요한 것은 위스키를 좋아하느냐 아니냐 하는 마음이다.

226. 위스키의 보디감이란?

여러 위스키를 시음하다 보면 어떤 것은 가볍고, 어떤 것은 묵직하고, 또 샤르도네 와인처럼 오일리한 느낌이 드는 것도 있다. 이러한 질감을 위스키의 '보디감'이라고 한다. 이는 품질과는 상관이 없다. 잔을 45도로 유지하고 360도 회전시킨 다음 다시 오른쪽으로 돌리면 '눈물(Tears)'이 잔 벽면을 타고 흐르는 것을 볼 수 있다. 그 눈물이 빨리 흘러내리면 대체로 향이 가볍고 라이트한 보디감을 가지고 있다. 반면 눈물이 천천히 흐를수록 알코올 도수가 높고 점도가 높은 위스키이다.

227. 피니시란?

피니시(Finish, 여운)는 위스키를 머금고 있다가 목으로 넘긴 뒤 입안에서 향을 지속적으로 느낄 수 있는 시간을 말한다. 위스키는 대부분 피니시가 길수록 좋은 평가를 받는다.

228. 샷 글라스란?

샷 글라스(Shot Glass)의 샷(Shot)은 '총알'이란 뜻이다. 총기 소지가 자유로웠던 19세기 서부 개척 시대에는 술집에서 술을 마실 때 돈이 없으면 대신 총알을 내기도 했다. 이때 하나의 총알로 살 수 있었던 위스키 양은 35㎖ 전후였다. 이후 작은 양의 위스키를 '샷 글라스'라고 불렀고, 한국에서는 '샷잔'으로 불리고 있다.

229. 하이볼이란?

하이볼(Highball)은 주로 칵테일에 사용되는 긴 잔을 뜻하는데, 같은 이름의 음료도 있다. 칵테일 종류 중 하나인 하이볼은 위스키나 브랜디(Brandy, 코냑과 아르마냑 등이 여기에 속한다)에 탄산수나 다른 음료를 넣고 얼음을 띄워 만든다. 어원은 명확하지 않은데 열차의 발차 신호에서 유래되었다는 설과 골프 클럽하우스의 손님 술잔에 공이 날아든 것에서 유래되었다는 설 등이 있다.

"잠자리에 들기 전 마시는
따뜻한 위스키 한 모금은
과학적이진 않지만 숙면에 도움이 된다."

알렉산더 플레밍 Alexander Fleming

옆 페이지 : 잭 대니얼스는 작은 텀블러와 하이볼뿐 아니라 샷 글라스 시리즈도 제공한다.

230. 텀블러란?

텀블러(Tumbler)는 하이볼(Highball)보다 짧으며 폭이 넓고 무거운 잔이다. 원래 디자인은 바닥이 뾰족해서 잔을 똑바로 세워둘 수 없기 때문에 내려놓기 전에 잔을 비워야 했다. 현대의 텀블러는 바닥이 평평하다. 텀블러는 위스키에 얼음을 섞은 온더락으로 즐기는 사람들이 선호하는 잔이다. 잔의 몸체가 넓어서 위스키의 향을 발산하는 데 용이하다. 매년 열리는 켄터키 버번 페스티벌의 칵테일 갈라(Cocktail Gala)에서 각 증류소는 참석자들에게 그들의 시그니처 텀블러를 제공한다.

사진의 앞줄은 텀블러이고 뒷줄은 노징 글라스이다.

231. 노징 글라스 또는 스니프터란?

노징 글라스(Nosing Glass)는 둥근 몸통에 다리가 달린 잔들을 가리키며, 잔의 윗부분에 향을 잘 모아두어 위스키의 풍미를 느끼는 데 도움을 준다. 그 종류로는 글렌캐런(Glencairn), 스니프터(Snifter), 코피타(Copita) 등이 있다. 그중 스니프터는 원래 브랜디를 즐기는 전용 잔이었으며 통통한 몸통에 비해 윗부분이 좁고 손잡이 부분이 짧다. 위스키 잔의 종류는 다양하지만 가장 많이 사용되는 제품은 2001년 개발된 글렌캐런 잔이다. 영국 제조사는 이 제품으로 2006년 퀸즈 어워드를 수상하기도 했다.

퀸즈 어워드를 수상한 글렌캐런 잔.

232. 퀘익이란?

퀘익(Quaich)은 양쪽에 평평한 손잡이가 달
린 스코틀랜드의 얕은 술잔이나 오목 접시
를 말한다. 나무, 도자기, 유리, 주석이나
은으로 만들며, 안쪽에 로고가 새겨져 있기
도 하다. 퀘익은 스코틀랜드의 전통 행사나
결혼식 등에서 사용된다.

233. 위스키를 디캔팅해야 할까?

위스키를 미리 디캔팅(Decanting)할 필요는 없다. 디캔팅하면 위스키를 대접
할 때 멋있게 보일 수도 있지만 디캔팅은 장점보다 단점이 더 많다. 오래된 크
리스털 디캔터에서는 위스키에 납이 방출될 수 있으므로 건강에 좋지 않다.
게다가 위스키의 맛은 산소에 노출되는 순간 미묘하게 변할 것이다. 다양한
위스키가 납 성분이 없는 크리스털이나 도자기 등으로 만든 디캔터에 밀봉되
어 판매되는데, 도자기 디캔터에 담긴 위스키는 알코올 성분이 서서히 휘발
되면서 변질될 수도 있다.

234. 드램이란?

드램(Dram)은 스코틀랜드 사람들이 '위스키 한 잔'을 가리켜 자주 사용하는 용어이다. '위 드램(Wee Dram)'은 문자적으로는 용량이 적다는 의미인데, 실제로는 정반대의 반어적인 의미로 통용된다. 이 단어의 어원은 동전이나 무게 단위였던 그리스의 드라크마(Drachma)이다. 영국에서 고체 드램은 1.77g, 액체 드램은 35㎖이다. 잉글랜드의 많은 펍에서는 25㎖만 따르는 반면, 스코틀랜드에서는 35㎖를 고수하는 편이다. 미국에서 드램에 상당하는 샷(Shot)은 1.5온스, 약 44㎖이다.

235. 위스키에 얼음을 넣으면 어떨까?

얼음은 미각을 마비시킨다. 위스키가 차가울수록 맛과 향의 다양성이 떨어질 수 있다. 하지만 얼음은 예상치 못한 짜릿한 전율을 선사하기도 한다. 얼음처럼 차가운 위스키는 초콜릿 한 조각, 봉봉 사탕, 초콜릿 디저트를 곁들이면 매우 유쾌한 느낌을 준다. 위스키 칵테일도 마찬가지이다.

236. 위스키에 물을 섞으면 어떨까?

위스키에 물을 넣으면 위스키가 활짝 열려 더 다양한 향을 느낄 수 있다. 하지만 주의할 점이 있다. 물을 너무 많이 넣으면 위스키가 희석되어 숙성이 오래된 위스키는 풍미가 완전히 무너질 수도 있다. 플라스틱 피펫을 사용하면 편리하게 물을 한 방울씩 떨어뜨릴 수 있다. 황금비율이란 없다. 얼마나 많은 물을 넣을 것인지는 시행착오를 거쳐 알아내야 하는 개인 선호도에 따른 문제이기 때문이다.

237. 시음 노트란?

시음 노트(Tasting Note)는 위스키의 색과 향, 맛, 보디감, 피니시에 대해 기록한 것이다. 공식 시음 노트는 위스키의 라벨이나 포장재, 증류소 웹사이트에서 찾아볼 수 있다. 위스키 평론가들의 시음 노트는 책이나 잡지에서 볼 수 있다. 시음한 위스키에 대해 점수화하는 자신만의 방법을 개발한 평론가들도 있지만, 대부분은 자신들의 감상을 장황하게 묘사하는 것을 선호한다. 위스키는 특정 장소나 사건에 대한 느낌과 기억을 떠올리게 하는 경우가 많은데, 위스키의 특징을 정성 들여 묘사한 시음 노트의 영향이기도 하다. 나만의 시음 노트를 작성해서 위스키 제조사와 평론가들의 시음 노트와 비교해보는 것도 위스키를 즐기는 방법 중 하나이다.

238. 나만의 시음 노트는 어떻게 쓸까?

먼저 노란색, 금색, 청동색, 호박색 등 위스키의 색을 기록한다. 그런 다음 코로 향을 맡고 그 첫인상에 집중한다. 이때 꽃 향, 과일 향, 스모키 향, 나무 향처럼 광범위한 분류를 사용한다. 그리고 한 모금 마신 뒤 입안을 채우는 질감, 혹은 보디감이 가벼운지, 오일리한지, 드라이한지 기록한다. 과일, 꽃, 곡물 등의 광범위한 분류 용어로 맛에 대한 첫인상을 묘사한다. 마지막으로 위스키를 삼킬 때의 여운, 즉 피니시가 짧은지, 중간인지, 긴지, 매우 오래 남는지에 주목한다. 다시 이 과정을 반복하면서 두 번째에 느낀 맛과 향의 느낌에 대해 구체적으로 묘사해보자. 예를 들어 과일 맛이 난다면 배, 바나나, 리치 등 어떤 과일인지, 꽃 향이라면 재스민, 장미, 바이올렛 등 어떤 꽃인지, 나무 향이라면 삼나무, 시가, 바닐라 등 어떤 나무인지 생각해보는 것이다.

소량의 물을 첨가한 뒤 앞서 설명한 단계를 반복할 수도 있다. 물을 넣으면 액체의 분자 구조가 바뀌기 때문에 위스키가 열려 더 많은 향을 낼 것이다. 위스키를 잘 구별하려면 오랜 시간 연습을 해야 한다. 태생적으로 다른 사람들보다 향기를 더 잘 구분하는 사람들도 있지만, 향과 맛을 묘사하는 데 어려움을 겪은 사람들에게는 비교로 묘사하는 방법이 유용할 것이다. 예를 들어 '우리 할머니의 향신료 수납장 냄새', '해변의 꺼진 캠프파이어의 여운 같은 냄새'처럼 묘사하는 것이다. 위스키 시음에도 감성적인 요소가 있다. 감정을 어떤 경험에 연결시키면 위스키나 그 독특한 풍미를 기억에 깊이 새길 수 있고, 다음에 그 위스키를 다시 접하게 되었을 때 금세 알아챌 수 있다. 하지만 무엇보다 시음에서 얻은 느낌은 개인적인 경험임을 잊지 말자.

239. 시음회는 어떤 구성 방식이 좋을까?

시음회에서는 여러 종의 위스키를 준비한다. 혼자 또는 친구들과 여럿이 할 수 있는데 서로의 경험을 비교할 수 있어서 여럿이 하는 편이 더 재미있다. 선호도에 따라 다른 방식을 조합할 수도 있다.

수평 시음은 5개의 다른 증류소에서 생산된 5개의 싱글 몰트 또는 버번 같은 식으로 특정 주제로 구성하는 방식이다. 반면에 수직 시음은 하나의 증류소에서 생산된 한 제품을 빈티지별로 구성한다. 글렌파클라스(Glenfarclas) 증류소가 이 방식에 최적의 선택지이다. 이 스코틀랜드 위스키 제조사는 숙성 연수가 다양한 표준 시리즈뿐만 아니라 자신이 태어난 해에 숙성된 위스키를 마시고 싶어 하는 사람들을 위한 패밀리 캐스크 리저브(Family Cask Reserve) 시리즈도 출시한다. 위스키 축제는 시음회에 참석하거나 대중적인 여러 위스키를 접하기 좋은 장소이다. 위스키 전문 상점에서도 유료로 시음회를 열기도 한다.

240. 시음회는 어떻게 준비해야 할까?

만약 여러 종의 위스키를 차례로 맛볼 계획이라면 모든 잔에 미리 따라두자. 그리고 한 잔을 마신 뒤 물을 조금 마시거나 마른 빵을 한 입 정도 먹기를 권한다. 얼음은 사용이 금지된 건 아니지만 위스키가 차가워져서 향을 맡고 맛을 음미할 때 감각이 둔해진다. 하지만 꼭 필요하다면 얼음을 더해도 무방하다. 무엇보다 중요한 것은 위스키를 즐기는 것 아니겠는가. 시음 계획에 유용한 팁 하나는 각 잔을 표준 시음량 2cℓ로 준비할 때 75cℓ 한 병에서 37잔이 나오므로 참고해서 준비한다.

241. 위스키에 곁들이면 좋은 음식과 그렇지 못한 음식은 무엇일까?

위스키와 음식은 함께하면 더욱 풍성함을 느낄 수 있다. 페어링(Paring, 함께 짝을 지어 내놓는 것)할 때 조화를 이루거나 대비시키는 맛을 선택할 수 있는데, 두 경우 모두 각각의 맛을 배가시킨다. 조화로운 조합은 글렌 기리(Glen Garioch)에 견과류와 치즈처럼 위스키의 향과 풍미가 유사한 음식을 선택하는 것이다. 하지만 스모키한 위스키에 훈제 요리를 곁들이는 식으로 한계를 둘 필요는 없다. 대조적인 맛도 재미를 주기 때문이다. 스모키한 위스키 아드벡(Ardbeg)은 시금치처빌 수프, 가리비, 향이 강한 에푸아스 치즈나 시트러스 계열 과일 샐러드와도 잘 어울린다. 싱글 몰트는 독특한 풍미 때문에 음식과 함께하기 가장 좋은 위스키로, 여러 음식들이 싱글 몰트의 다양한 풍미를 끌어낸다.

　위스키는 식사에 곁들이는 것 외에 요리에 소량 넣거나 마리네이드로 사용하기도 한다. 하지만 위스키를 넣고 불을 붙여 조리하는 플랑베 기법 요리는 적절하지 않은데 화려해 보이지만 알코올에 불이 붙으며 향과 풍미도 날아가 버리기 때문이다.

242. 생선 요리에 어울리는 위스키는 무엇일까?

클라이넬리시(Clynelish), 글렌모렌지(Glenmorangie), 오반(Oban), 올드 풀트니(Old Pulteney)가 생선 요리의 좋은 동반자이다. 이 위스키들은 요리에 달콤함과 부드러움을 더한다. 바닷가재나 해산물 비스크도 이 4곳의 바닷가 증류소에서 생산된 위스키와 잘 어울린다. 굴에 탈리스커(Talisker)를 몇 방울 떨어뜨리거나 훈제 연어 조각에 뿌리는 것도 괜찮다. 연수 낮은 스페이사이드 위스키와 특히 버번 배럴에서 숙성된 위스키는 크림 소스를 곁들인 생선 요리와 잘 어울린다.

243. 육류 요리에 어울리는 위스키는 무엇일까?

글렌파클라스(Glenfarclas) 15년산은 오렌지 소스를 곁들인 오리 가슴살 요리와 함께 먹으면 아주 맛있다. 셰리 오크통에서 숙성된 위스키들은 대체로 소고기를 비롯한 육류 요리와 잘 어울린다. 오크 향이 양념이 강한 소스나 말린 과일을 채운 육류 요리와 조화를 이룬다. 글렌모렌지 넥타 도르(Glenmorangie Nectar d'Or)는 살구와 아몬드를 넣은 양고기 타진(모로코 전통 스튜)이 제격이다. 꿀 소스를 곁들인 돼지갈비나 따뜻한 햄 요리를 버번과 함께 먹으면 아늑함을 느낄 수 있다. 알싸한 맛을 원하면 포 로지즈 싱글 배럴(Four Roses Single Barrel)이나 와일드 터키 101(Wild Turkey 101)을 추천한다.

244. 채소 요리에 어울리는 위스키는 무엇일까?

버번 배럴과 셰리 오크통에서 숙성된 위스키는 채소 요리에 곁들이기 좋다. 예를 들면 위스키의 강한 맥아 향이 당근의 흙 향과 조화를 이루는 것이다. 궁합이 좋은 조합으로 아벨라워(Aberlour) 18년산과 야생버섯 리조토. 라가불린(Lagavulin) 16년산과 샐러리뿌리 수프 또는 구운 헤이즐넛이 대표적이다.

245. 치즈와 어울리는 위스키는 무엇일까?

치즈는 종류마다 어울리는 위스키가 다르다. 그래서 모듬 치즈가 서빙되면 선택에 어려움을 겪게 된다. 다음은 검증된 조합이다. 블루 치즈는 스모키한 몰트 위스키와, 체다 치즈는 오큰토션(Auchentoshan)이나 글렌 기리(Glen Garioch)처럼 버번 배럴에서 숙성된 위스키와 어울린다. 꽁떼, 고다, 그뤼예르처럼 향이 강한 치즈는 맥캘란(Macallan)이나 글렌드로낙(Glendronach) 같은 오래 숙성되고 과일 향이나 맥아 향이 강한 싱글 몰트와 잘 어울린다.

246. 초콜릿과 어울리는 위스키는 무엇일까?

초콜릿이 진할수록 강한 위스키가 잘 어울린다. 셰리 오크통에서 숙성된 몰트 위스키처럼 나무 향이 강한 위스키를 권한다. 달모어(Dalmore) 12년산이나 숙성 연수가 높은 글렌파클라스(Glenfarclas)가 좋은 예이다. 밀크 초콜릿이나 프랄린(벨기에식 초콜릿), 화이트 초콜릿은 버번 오크통에서 숙성된 크리미한 몰트 위스키와 잘 어울린다. 글렌리벳 파운더스 리저브(Glenlivet Founders Reserve)나 글렌리벳(Glenlivet) 12년산을 추천한다. 솔트 초콜릿은 스모키한 위스키와 잘 어울리는데, 보모어(Bowmore) 12년산을 곁들이면 그 자체로 만찬이 완성된다.

맥캘란과 초콜릿은 천상의 조합이다.

247. 시가와 어울리는 위스키는 무엇일까?

위스키와 시가는 환상적인 조합이다. 켄터키 버번 페스티벌의 대표적인 행사 중 하나는 방문객들이 이 조합을 즐길 수 있도록 마련한 야외 연회이다. 스코틀랜드 하이랜드의 달모어 증류소는 시가 몰트(Cigar Malt)라는 특별한 싱글 몰트를 개발했다. 글렌피딕의 자매 증류소인 발베니는 캐리비안 캐스크(Caribean Cask)라는 럼을 담았던 오크통에서 추가 숙성한 싱글 몰트를 출시했다. 이 두 싱글 몰트의 대표적인 조합은 쿠반 또는 니카라과 롱필러(시가의 내용물로 담뱃잎을 통째로 만 것)이다. 포 로지즈 싱글 배럴(Four Roses Single Barrel), 와일드 터키 레어 브리드(Wild Turkey Rare Breed), 짐 빔 더블 오크(Jim Beam Double Oak) 등의 버번은 모두 시가와 잘 어울린다. 하지만 섬세한 위스키는 시가를 곁들이면 맛과 향을 잃을 수 있는데 담배 연기가 후각과 미각을 둔하게 하여 미묘한 향과 맛을 느끼지 못하게 할 수 있기 때문이다.

248. 위스키 한 병에서 몇 잔이나 나올까?

위스키 70㎤ 한 병에서 35잔, 75㎤ 한 병에서는 37잔 정도 따를 수 있다. 이 용량은 위스키의 향 맡기와 시음할 때 적절한 용량인 한 잔에 2㎤로 따랐을 때를 기준으로 한 것이다.

249. 추천할 만한 위스키 칵테일은 무엇일까?

위스키 칵테일은 맨해튼(Manhattan), 올드패션드(Old-Fashioned), 위스키 사워(Whisky Sour)가 오래도록 인기를 누려왔는데, 주로 버번이나 라이 위스키로 만든다. 한동안 바텐더와 믹솔로지스트(칵테일 전문가)들은 싱글 몰트로 새로운 칵테일, 특히 스모키한 칵테일 제조에 열을 올렸고 소량의 라프로익을 첨가한 페니실린(Penicillin)이 높은 인기를 누렸다. 하지만 이러한 트렌드가 아주 새로운 것은 아닌데, 1980년대 유명 테너 색소폰 연주자 덱스터 고든은 바에 가면 라가불린으로 만든 스모키한 마티니(Martini)를 주문하곤 했다.

암스테르담의 술집 〈Door 74〉에서 하이랜드 파크 12년산으로 만든 칵테일을 준비하고 있다.

250. 남성이 선호하는 위스키 vs 여성이 선호하는 위스키

글렌고인(Glengoyne), 달위니(Dalwhinnie), 오큰토션(Auchentoshan), 글렌 그 란트(Glen Grant), 글렌리벳(Glenlivet)처럼 가볍고 달콤한 위스키를 보통 '여성 이 선호하는 위스키'라고 본다. 강하고 스모키하며 진한 셰리 밤(Sherry Bomb) 은 남성들의 영역에 속한다고 간주되었다. 하지만 이는 수많은 반박에 직면 해온 인위적인 구분에 불과하다. 스모키하거나 셰리 향이 강한 위스키를 좋 아하는 여성이 있는가 하면, 가벼운 위스키를 좋아하는 남성들도 매우 많다.

251. 위스키 전문가가 되려면 어떻게 해야 할까?

아마추어 위스키 애호가라면 다양한 위스키를 맛보고 그 풍미의 특징을 비교 하면서 전문가로 발전할 수 있다. 하지만 취미이든 직업이든 탁월해지고 싶다 면 시간과 훈련, 돈이 투자되어야 한다. 이 3가지 조건 혹은 하나에도 투자할 여력이 없다면 데이비드 밀스테드의 저서 《The Bluffer's Guide to Whisky》 를 권한다. 피상적으로 표현했지만 놀랍도록 정확한 정보를 담고 있는 책이 다. 이 책을 읽고 나면 진정한 권위자와 만나기 전까지는 파티에서 전문가로 통할 수 있을 것이다.

252. 전문가의 위스키 평점은 어떻게 해석해야 할까?

많은 위스키 평론가들은 시음 노트를 쓸 때 채점법을 사용한다. 짐 머레이의 《Whisky Bible》과 마이클 잭슨의 《Malt Whisky Companion》에서처럼 숫자로 점수를 줄 수도 있지만, 데이비드 위셔트의 《Whisky Classified》에서처럼 정도에 따른 점수를 줄 수도 있다. 이러한 점수는 매우 주관적이다. 많은 평론가가 숫자로 점수 매기는 것을 지양하고, 위스키에 대해 묘사하고 시음 후 자신이 느낀 특징과 위스키 제조사의 의도를 비교하는 방식을 선호한다. 가장 중요한 것은 자신의 점수이며, 이는 전문 위스키 평론가의 점수와는 상당히 다를 수도 있다.

253. 위스키 클럽

전 세계적으로 크고 작은 위스키 클럽이 있다. 위스키 클럽을 결성하려는 첫 시도는 1978년 스코틀랜드에서 일어났다. 세계적으로 유명한 위스키 전문가이자 《Appreciating Whisky》의 저자인 필립 힐스가 친구 몇 명과 증류소에서 직접 위스키 오크통을 구입하면서 시작되었다. 그리고 곧 스카치몰트위스키협회(Scotch Malt Whisky Society, SMWS)가 탄생했다.

오늘날 어떤 클럽은 온라인 포럼을 운영하고 잡지도 발행하며 매달 시음회를 여는 클럽도 있다. 대체로 회원권은 저렴하며 지역 주류 판매점에서 위스키를 구매할 때 할인 혜택을 제공하기도 한다. 클럽 모임에 참석하는 것이 위스키에 대해 잘 알게 되는 최고의 방법이다. 경험 많은 회원들과의 대화를 통해 정보를 얻을 수 있을 뿐 아니라 위스키를 구입하기 전에 시음하면서 나름 '사전 조사'를 할 수 있기 때문이다(위스키 클럽과 단체에 대한 정보는 부록 참조).

옆 페이지 : 시음회가 시작되기 전 맛과 향을 유지하기 위해 뚜껑이 덮혀 있는 튤립 모양 잔.

CHAPTER 6

BUYING
AND
INVESTING
IN
WHISKY

6장 위스키 구매 및 투자 가이드

254. 위스키는 다른 증류주보다 왜 비쌀까?

위스키는 보통 다른 증류주보다 더 오래 숙성되어 ABV 40% 이상의 상태에서 병입한다. 높은 알코올 함유 비율과 긴 숙성 기간이 높은 가격을 형성하는 주된 이유이며, 숙성 기간 동안에 오크통 내용물의 일부가 증발하는 것, 일명 천사의 몫(106번 참조)이 발생하는 것도 이유 중 하나이다.

255. 위스키의 가치는 무엇으로 정의할 수 있을까?

위스키 한 병의 가격은 수요와 가용성, 종류, 숙성 연수, 원산지, ABV, 병 생산량 등 다양한 요소에 의해 결정된다.

256. 위스키는 어디에서 구입할 수 있을까?

미국 일부 주에서는 위스키 판매가 국영 주류 판매점으로 국한되어 있다. 나머지 주에서는 주류 판매 규정이 덜 제한적이다. 스웨덴 역시 위스키 판매가 국영이지만 네덜란드는 그렇지 않다. 그렇다고 해서 슈퍼마켓에서 위스키를 구입할 수는 없다. 영국, 프랑스, 벨기에, 독일을 포함한 많은 유럽 국가는 슈퍼마켓에서 위스키 판매를 허용하고 있다.

옆 페이지 위 : 스카치위스키인터내셔널(SWI)의 희귀 위스키 컬렉션.
옆 페이지 아래 : 네덜란드의 위스키 수도 즈볼레의 명소로 알려진 에릭 바르텔스의 상점.

257. 온라인으로 위스키를 구입할 수 있을까?

온라인 주류 판매점, 증류소 온라인 숍, 경매 등 다양한 웹사이트에서 위스키를 판매한다. 하지만 이러한 온라인 판매가 법적으로 늘 허용되는 것은 아니다. 알코올 도수가 높은 술의 배송을 허용하는 나라가 있는 반면, 그렇지 않은 나라도 있다. 온라인으로 구매할 계획이라면 사전에 해당 국가의 주류 배송 규정은 물론 추가 운임이 적용되는지도 확인해야 한다.

258. 국내는 어디에서 위스키를 구입할 수 있을까?

면세점을 통한 구입이 일반적이며 저렴한 가격과 다양한 종류를 고를 수 있는 장점이 있다. 그 밖에 주류 전문 매장과 남대문 수입 상가를 추천한다. 마트와 체인점으로 운영하는 주류 매장에서도 구입할 수 있으며, 대략적인 상품 가격을 알고 가면 비교하여 구매하기 좋다.

259. 위스키 경매란 무엇일까?

온라인 경매는 종합 경매 사이트나 위스키 전문 사이트에서 진행된다. 유럽의 종합 경매 사이트인 카타위키(Catawiki)에 가끔 위스키가 올라오기도 하지만 위스키 전문은 아니다. 온라인 위스키 전문 경매 사이트는 다음과 같다.

◆ whiskyauction.com ◆ bonhams.com ◆ whisky-onlineauctions.com
◆ scotchwhiskyauctions.com ◆ whiskyauctioneer.com
◆ just-whisky.co.uk

260. 온라인 경매에서 어떻게 입찰해야 할까?

대부분 경매 사이트는 입찰 전에 프로필을 만들 것을 요구한다. 이 사이트를 통해 위스키를 판매하는 것도 가능하지만 경매인에게 15~20%의 후한 수수료를 줄 마음의 준비를 해야 한다.

261. 위스키에 어떻게 투자해야 할까?

오늘날 대부분의 투자와 마찬가지로 중개인 없이 인터넷 상에서 위스키 컬렉션을 사고팔 수 있다. 전문가의 가이드가 필요하다면 네덜란드에 본사를 둔 스카치위스키인터내셔널(Scotch Whisky International, SWI)에 문의할 수 있다. SWI는 업계 유일하게 잠재 투자자를 위한 위스키 포트폴리오와 고객의 컬렉션을 보관할 장소를 제공한다. 현재 국내에서는 현행법상 개인 간 주류 거래는 불법이다. 그 대신 위스키 공병이 높은 가격에 활발하게 거래되고 있다. 참고로, 조각투자(예술품, 명품 등의 소유권을 주식처럼 쪼개서 거래하는 투자 방식)가 관심을 끌고 있는데 최근 조각투자 플랫폼을 통해 고급 와인에 투자하는 개인 투자자들이 몰렸다. 조각투자는 고가 위스키로도 확대될 것으로 보인다.

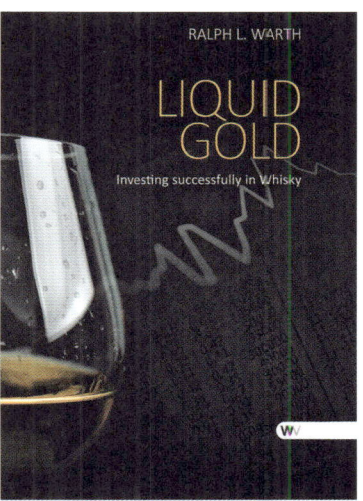

262. 투자하기에 좋은 브랜드는 어떻게 선택해야 할까?

위스키 투자는 주식이나 채권 투자와 비슷하다. 직감, 위험을 감수할 의지, 시장 동향에 대한 면밀한 모니터링이 수반되어야 한다. 시장 동향을 파악하는 한 가지 방법은 온라인 옥션에 참여해보는 것이다. 안내서로 랄프 워스의 《Liquid Gold》가 유용하다. 워스는 이 엄청나게 두꺼운 책에서 위스키 투자에 관한 객관적 기준과 18,000여 개의 위스키에 대한 가격을 정의했다.

263. 무엇을 팔고 무엇을 보관해두어야 할까?

폐업한 증류소의 위스키, 맥캘란처럼 상징적인 브랜드, 그리고 희소성과 조금 다른 생산 방식, 높은 품질 인식 때문에 1970년대 생산된 위스키는 대체로 좋은 투자이며 보관할 가치도 있다. 또한 스타일리시하게 포장된 한정판 제품도 그렇다. 오크니 태생으로 현재 뉴욕에서 활동 중인 보석 디자이너 메이브 길리스 (Maeve Gillies)가 디자인한 순은 케이스에 담긴 하이랜드 파크 50년산이 그 좋은 예이다.

가끔 금주법 시대 이전에 생산된 위스키가 시장에 나올 때도 있다. 그 가치는 역사적 기념품이라는 사실뿐 아니라 희소성에도 있다. 그래서 어떤 이는 그걸 맛보기를 선택하고 어떤 이는 병째 보관을 택하기도 한다. 언제 사고 언제 팔아야 할지의 타이밍을 보려면 경매를 잘 살펴봐야 한다.

264. 미개봉 위스키는 어떻게 보관해야 할까?

미개봉 위스키는 직사광선을 피해 실온에서 똑바로 세워 보관하는 것이 가장 좋다. 온도가 너무 낮지만 않다면 지하실이 최적의 장소이다. 위스키의 어떤 부분은 굳어질 수 있고, 섭씨 5도 이하에서는 색이 탁해질 수도 있다. 하지만 색이 탁해진 것은 외견상의 문제일 뿐이고 질이나 맛에는 영향을 미치지 않는다. 만약 장시간 병을 똑바로 세워 보관했다면 가끔 뒤집어서 코르크를 적셔주어야 한다. 그렇지 않으면 병을 열 때 코르크 마개가 작은 조각으로 부서질 수 있다.

265. 위스키 투자 시 고려해야 할 위험 요소는 무엇일까?

모든 투자에 적용되는 보편적 진리를 명심해야 한다. 가용 가능한 여산 범위 내에서 움직여야 한다는 것이다. 그러면 위스키의 가치가 떨어지더라도 적어도 한 잔 마시면서 위안을 얻을 수 있을 테니 말이다. 위스키 투자를 고려할 때 명심해야 할 점이다. 1980년대에는 과잉 생산으로 수많은 증류소가 폐쇄된 '위스키 로치(Whisky Loch)' 사태가 벌어졌다. 증류소는 재고 부담을 덜기 위해 많은 고급 위스키를 싼 가격에 판매했다. 1990년대 초반부터 상황이 변하여 위스키의 가치는 계속 상승하고 있다. 특히 주요 은행의 예금 금리가 매우 낮을 때 위스키 투자는 매력적인 대안으로 고려된다.

266. 위스키 지수란?

월드 위스키 인덱스(World Whisky Index)는 전 라보뱅크 투자 은행가였던 네덜란드인 마이클 카펜이 위스키에 대한 열정을 가지고 설립한 회사이다. 본사는 스카치위스키인터내셔널(SWI)에 위치하고 있으며, 다우존스나 S&P처럼 위스키 지수(Whisky Index)를 제공한다. 평가 방식과 기준에 대한 정보는 공개되지 않았다.

267. 스카치위스키인터내셔널이란?

스카치위스키인터내셔널(Scotch Whisky International, SWI)은 개인 투자자를 위해 위스키 오크통과 병입 위스키에 투자하는 회사이다. 본사는 암스테르담 스키폴 공항에서 불과 15분 거리에 있는 네덜란드 사센하임에 있다. 마이클 카펜이 설립하여 현재 다양한 고객을 위해 위스키에 약 1,700만 달러가 넘는 투자금을 운용하고 있다. 2014년 SWI는 자가티(Zagatti) 컬렉션을 인수했다. 이는 유명 이탈리아인 위스키 마니아가 정성스레 수집한 3,000병이 넘는 독특한 컬렉션으로, 전 세계 위스키 마니아들의 숭배의 대상이며 방문객을 위해 전시 중이다.

268. 스카치 위스키의 전 세계 연간 판매량

스카치위스키협회(SWA)에 따르면 지난 2019년 약 13억 병의 스카치 위스키가 180개 시장으로 수출되었다. 물량보다 가치로 볼 때 미국이 스카치 위스키의 최대 수출 시장이며, 판매량은 매년 꾸준히 늘고 있는 추세이다.

위 : 네덜란드 사센하임의 SWI 본사.
옆 페이지 : 위스키 기념품으로 스페이사이드 크라이겔라치 호텔의 실버 퀘익과
      잭 대니얼스의 지포 라이터.

269. 스카치 위스키 브랜드 TOP 10

음료 전문 매체인 더스피리츠비즈니스(The Spirit Business)에 따르면, 지난 2019년 세계에서 가장 많이 팔린 위스키 브랜드는 다음과 같다. 1위 조니 워커(Johnnie Walker), 2위 발렌타인(Ballantine's), 3위 시바스 리갈(Chivas Regal), 4위 그랜츠(Grant's), 5위 윌리엄로손스(William Lawson's), 6위 듀어스(Dewar's), 7위 제이 앤 비 레어(J&B Rare), 8위 블랙 앤 화이트(B.ack & White), 9위 라벨 5(Label 5), 10위 벨스(Bell's)이다.

270. 위스키 관련 물품은 어떻게 수집할까?

대부분의 위스키 증류소에서는 위스키 페스티벌에서처럼 로고가 새겨진 잔을 판매한다. 잭 대니얼스(Jack Daniel's)처럼 상품화의 수준을 한 단계 끌어올린 브랜드도 있다. 잭 대니얼스에는 라펠 핀이나 잔 받침, 라이터 같은 소품부터 오토바이와 전자기타까지 다양하다. 달모어(Dalmore)나 맥캘란(Macallan) 같은 브랜드는 로고가 새겨진 커프스 링크를 판매한다.

  이러한 각종 용품 외에도 위스키 관련 서적과 빈 병, 미니어처를 비롯해 튜브, 틴(Tin), 상자로 구성된 패키지를 수집하기도 한다. 네덜란드인 파울 베르스타펜(Paul Verstappen)은 위스키 관련 물품을 약 4,000종을 보유한 세계 최대 미니어처 수집가이다. 자세한 것은 paulswhiskyminiatureworld.nl에서 확인할 수 있다.

271. 위스키 문헌의 역사

지난 25년 동안 지난 2세기보다 많은 위스키 관련 서적이 출판되었다. 19세기 후반 영국에서 위스키에 대한 최초의 출판물이 등장하기 시작했지만, 미국은 금주법 동안 위스키 산업이 고사했던 탓에 이보다 한참 후인 1960년대에 이르러서야 출간될 수 있었다. 다음 두 항목에서 다루는 초기 서적들은 여전히 귀중한 자료로서 현대 위스키 작가들에 의해 널리 사용되고 있다. 이 책 중 일부는 수집가들이 탐내는 자료이기도 하다. 고전과 현대 위스키 문헌 목록은 참고문헌에서 확인할 수 있다.

272. 영국의 위스키 문헌

위스키 증류소에 대해 종합적으로 다룬 최초의 저작물은 1886~1887년 알프레드 바너드가 쓴《Whisky Distilleries of the United Kingdom》이다. 이 책은 영국의 빅토리아 시대 말기 위스키 산업을 생생히 다루고 있다. 네틀턴은 1913년 초판 발행된《The Manufacture of Whisky and Plain Spirit》이라는 제목의 방대한 저작에서 위스키 제조를 과학적으로 다룬 최초의 작가이다. 맛에 대해 묘사한 최초의 서적은 1920년 조지 세인츠버리의《Notes on

알프레드 바너드.

a Cellar—Book》이다. 그 후 60년 동안 이 주제에 대해서는 다양한 작가들이 발표한 흥미 위주의 대중서 몇 권만이 출판되었다. 그리고 1981년 스코틀랜드의 학자 마이클 모스와 존 흄이 아일레이의 브룩라디 증류소 창립 100주년을 기념해《The Making of Scotch Whisky : A History of the Scotch Whisky Distilling Industry》라는 의미 있는 저작물을 출판했다. 20세기부터 21세기

초반에 이르는 동안 가장 유명한 위스키 작가는 마이클 잭슨(1942~2007)이다. 그의 《Malt Whisky Companion》은 1989년 초판 발행된 이래 너 번의 개정판이 발표되었다. 현대의 위스키 작가 대부분은 자신의 작품에서 이상의 6명의 작가들에게 경의를 표한다.

273. 미국의 위스키 문헌

금주법(1920~1933) 시행의 여파로 미국 위스키 산업은 심각한 위기를 겪었고, 따라서 그 이전 시대의 위스키 문헌은 사실상 존재하지 않는다. 금주법 폐지 32년 후인 1965년 프랭크 케인의 저서 《Anatomy of the Whisky Business》에서 위스키 산업이 부활하기까지의 과정을 재구성했다. 1968년 엠마누엘과 매들린 그린버그가 쓴 《Whiskey in the Kitchen》은 위스키와 음식의 조합에 대해 종합적으로 다룬 최초의 시도였다. 켄터키주 바즈타운에 소장하던 위스키 컬렉션으로 박물관을 세운 오스카 게츠는 1978년 《Whiskey : An American Pictorial History》를 발표했다. 이 책에는 게츠의 개인 컬렉션을 찍은 희귀 사진이 담겨 있다. 그는 미국 증류주 역사의 진정한 수호자로 인정받는다.

최초의 시음 가이드북은 1995년에 출간된 게리 리건과 마디 하이딘 리건의 저서 《The Book of Bourbon : And Other Fine American Whiskeys》이다. 1999년에는 샘 세실의 기념비적인 저작 《The Evolution of the Bourbon Whiskey Industry in Kentucky》가 발간되었다. 이 책은 미국 증류소의 창립일, 확장기, 폐쇄, 개명기를 추적하는 매우 중요한 자료이다. 이상의 저자들은 현대 위스키 작가들이 활약할 토대를 마련해주었다.

274. 아일랜드, 캐나다, 일본의 위스키 문헌

아일랜드, 캐나다, 일본 위스키에 대한 문헌은 스코틀랜드나 미국의 위스키 문헌만큼 많지 않다. 아일랜드 위스키에 대한 가장 오랜 기록으로 추정되는 것은 1834년에 발간된《Truths About Whisky》인데 당시 더블린의 주요 증류소인 제임슨, 파워스, 로의 의뢰로 저술되었으며 이 책의 저자는 알려지지 않았다. 1994년 짐 머레이가 최초의 아이리시 위스키 시음 가이드인《Classic Irish Whiskey》를 지필했다. 그 뒤를 이어 2002년 아일랜드 TV 진행자 피터 멀라이언이 역사적 맥락에서 아일랜드 위스키를 살펴본《The Whiskeys of Ireland》를 발표했고, 2015년 역사가 피오난 오코너가 아일랜드 위스키 역사에 대한 심도 있는 학술 연구서《A Glass Apart : Irish Single Pot Still Whiskey》를 썼다.

캐나다 위스키는 문단에서 오랫동안 배제되었다. 1976년 윌리엄 래니가 쓴《Canadian Whisky : The Product and the Industry》가 출간되었고, 2012년이 되어서야 다빈 드 커고모의《Canadian Whisky : The Portable Expert》가 발표되어 많은 사랑을 받았다. 이 책은 발표 즉시 고전이 되었고 드 커고모를 캐나다 위스키 권위자의 반열에 올려놓았다.

일본어로 된 최초의 위스키 전문서는 2006년 야마오카 히데오가 번역한 마이클 잭슨의 《Malt Whisky Companion》이다. 그로부터 얼마 지나지 않은 2008년 일본 위스키 애호가인 스웨덴의 위스키 수집가 울프 벅스루드가 《Japanese Whisky : Facts, Figures and Taste》를 썼다. 이 책은 일본의 위스키 증류소와 증류 관행에 대한 최초의 개론서로 평가받는다. 이후 일본 위스키에 대한 책으로 도미닉 로스크로가 쓴 《Whisky Japan : The Essential Guide to the World's Most Exotic Whisky》가 출간되었다.

275. 몰트 위스키 연감

현대 위스키 세계에서 가장 중요한 출판물인 《Malt Whisky Yearbook》은 2005년 스웨덴 작가 잉바르 론드에 의해 처음 출간되었다. 이후 그는 여러 위스키 작가들의 특집 기고를 담은 연감의 작가가 되어 매년 위스키 연감을 펴내고 있다. 이 책은 몰트 위스키 증류소의 수치적 기록과 연대표에 관한 최고의 안내서이자 지난해의 위스키 세계 동향을 한눈에 파악할 수 있는 종합 요약서이다.

CHAPTER 7

WHISKY TRENDS

7장 위스키 트렌드

276. 현재 위스키 시장 동향

위스키는 수 세기 동안 우리와 함께 해왔고 시간이 지나며 많은 변화를 겪었다. 초창기에는 증류기에서 바로 받아 숙성을 거치지 않고 마셨기 때문에 그 독함을 완화하기 위해 허브와 꿀을 섞어 즐겼다. 그러면서 서서히 오크통 숙성에 관심을 두게 되었다.

19세기 후반 블렌디드 위스키가 등장했다. 당시 영국 궁정에서는 와인과 위스키를 섞어 마시는 것이 유행이었는데, 이 유행의 최대 지지자는 빅토리아 여왕이었다. 그녀는 매번 와인에 위스키를 타곤 했다. 1988년 디아지오는 6개 지역을 대표하는 자사의 6종 싱글 몰트 시리즈인 클래식 몰트(Classic Malt)를 발표했다. 이러한 위스키 시리즈의 출시로 전 세계 위스키 시장에서 싱글 몰트의 점유율이 끝없이 성장하게 되었다. 그러나 여전히 조니 워커가 이끄는 블렌디드 위스키가 전체 시장의 85%를 차지하고 있다. 버번은 수십 년 동안 쇠퇴의 길을 걷다가 다시 최고의 지위를 되찾았다. 일본은 규모는 작지만 진정한 틈새 생산국으로 자리 잡았고, 아일랜드 위스키는 틸링과 탈라모어의 로고에 그려졌듯 불사조처럼 잿더미에서 부활했다. 또한 곡물, 맑은 물, 효모가 있는 곳이라면 어디서든 크래프트 증류소를 만날 수 있다.

277. 미국의 위스키 시장 동향

미국인들의 위스키를 향한 사랑은 상당히 헌신적이어서 최초의 위스키 잡지와 세계 최초 위스키 축제가 미국에서 설립되었다. 1992년 창간한 겨간《Malt Advocate》은 2011년《Whisky Advocate》으로 이름을 바꾼 뒤 지금까지 전 세계 작가들의 기고를 실으며 위스키 세계에서 영향력을 발휘하고 있다. 1998년 존 한셀이 시작한 '위스키페스트(WhiskyFest)'는 지금까지 계속 열리고 있다.

지난 10년간의 특징이라면 마이크로 증류소 또는 크래프트 증류소의 압도적인 성장을 들 수 있다. 각 주의 규정이 개정되면서 증류 면허 취득이 전보다 쉽고 간단해진 덕분이다. 2003년 크래프트 증류를 촉진하고 지원하기 위해 미국증류협회(American Distilling Institute, ADI)가 설립되었다. 여기서 크래프트 증류소는 컬럼 스틸의 보유 여부와 무관하게 포트 스틸로 증류주를 생산하는 곳이라고 정의한다. ADI는 일정 수준 이상의 가이드라인을 충족한 크래프트 증류주임을 보장하는 인증 프로그램을 만들었다. 그 대상은 제품을 직접 증류하고 현장에서 병입하여 연간 최대 10만 프루프 갤런을 판매하는 독립 증류소이다(1프루프 갤런은 화씨 60도에서 알코올 도수가 50%인 증류주 1갤런을 뜻함).

미국크래프트증류주협회(American Craft Spirits Association, ACSA)는 2012년 설립되었다. 여기에서 투표권이 있는 회원은 반드시 증류 면허를 보유해야 하고 연간 생산량이 75만 프루프 갤런을 넘지 않는 개인이어야 한다. 전국 각 주에 걸쳐 대략 800개에 가까운 크래프트 증류소가 퍼져 있는데, 그들 모두가 위스키를 증류하는 것은 아니다. 대부분 신생 업체이므로 위스키를 출시하기에 앞서 자신들의 화이트 독(156번 참조)을 여러 해 숙성시켜야 하는 어려움에 봉착한다. 그동안의 현금 흐름을 위해 그들은 보드카나 진, 숙성되지 않은 럼처럼 증류기에서 바로 병입하여 소비할 수 있는 술도 증류하여 이러한 문제를 부분적으로 관리한다. 일부 자금난에 시달리는 증류소가 의도치 않게 시작한 참신한 유행이 있는데, 고객이 직접 자신의 위스키를 숙성할 수 있도록 2리터 배럴에 담긴 화이트 독을 판매하는 것이다. 이러한 방식이

꽤 인기를 끌면서 헤븐 힐 같은 대형 증류소에서도 방문객 센터에서 이와 유사한 도구를 판매한다.

대형 상업 공장 중 하나에서 기성 위스키를 사온 뒤 거기에 자신들의 위스키로 라벨을 붙이는 증류소도 있다. 이 위스키는 품질 자체는 훌륭하지만 소비자들이 라벨에서 잘못된 정보를 얻을 수도 있다. ADI는 증류주 인증 프로그램을 도입해 이러한 잘못된 정보를 제공하는 관행에 맞서기 위한 노력을 기울여왔고, 지난 2017년 무렵까지 241개 증류소에서 미국과 캐나다 증류주 1,026개가 인증을 받았으며 이 중 356개가 위스키이다. 이러한 소규모 회사의 발전을 저해하는 또 다른 문제는 규모의 부족이다. 증류소 초기의 장비로는 소량 생산만 가능한데 이는 허가증과 관련된다. 연간 판매량이 5만~10만 프루프 갤런이면 대부분 주에서 크래프트 증류소로 분류될 수 있다. 그 결과 생산량이 제한되고 지역 시장에서만 소비하게 되었다. 대부분의 도매상과 유통업자들은 대량 판매할 가능성이 아직 크지 않은 브랜드에는 관심이 없기 때문이다. 규모가 더 큰 크래프트 증류소는 연간 판매량 허용치가 더 높은 주에 자리 잡아 이러한 한계를 극복했다.

금주법이 폐지되고 시도된 경기 부양책 중 하나는 버번은 새 오크 배럴에서만 숙성되어야 한다는 규칙이었다. 전 세계적으로 증류액 생산량이 증가했기 때문에 새 버번 배럴과 사용한 버번 배럴에 대한 수요가 공급을 앞섰다. 이로 인해 크래프트 증류소는 좋은 새 배럴을 확보하는 데 어려움을 겪었고, 다른 한편으로 전 세계 증류소가 사용한 배럴 공급에 어려움을 겪고 있다. 그리하여 미국 정부는 버번이 재사용하는 배럴에서도 숙성할 수 있도록 허용하는 법안이 검토되기도 했지만 관련된 모든 당사자가 찬성하는 것은 아니라서 뜨거운 논쟁거리로 남아 있다. 많은 크래프트 증류소가 숙성 속도를 높이기 위해 200리터 배럴에서 더 작은 용량으로 교체했다. 작은 통은 표면 대 부피 비율이 커지기 때문에 큰 통보다 맛과 색, 향이 더 빨리 추출된다. 크래프트 증류소 숙성 창고에는 15~30리터 오크통이 흔하다. 일부 증류소에서는 통 내부에 대한 실험을 하기도 한다. 뉴욕주 가디너에 있는 터틀타운 스피리츠 증류소는 나무에서 더 많은 맛을 추출하기 위해 배럴 내부를 벌집 구조로 만들었다. 또한 숙성 창고의 스피커를 통해 베이스 라인이 뚜렷한 시끄러운 음악을 틀기도 하는데 이러한 음파가 배럴 내부의 분자 운동을 자극하여 숙성을 가속한다고 추정하기 때문이다.

데렉과 에이미 리 벨이 설립한 코세어 증류소는 미국 위스키 혁신의 한계를 새로운 범위로 확장했다. 그들은 허브와 홉, 히코리, 화이트오크, 메스키트 나무로 훈연한 곡물 등의 각종 착향료를 실험하고 전통적으로 위스키 제조에 사용된 곡물 외에도 퀴노아, 메밀, 아마란스로도 증류를 시도했다. 전통과는 다른 스타일의 위스키를 만들기 위해 다른 곡물로 실험을 시도한 이는 이들뿐만이 아니다. 사우스캐롤라이나주 찰스턴에 위치한 하이 와이어 증류소는 수년 동안 수수로 위스키를 증류해왔다. 나무와 곡물 종류, 맛에 있어서 이러한 새로운 시도로 위스키를 재정의하려는 움직임은 위스키는 엄격한 규칙(166번 참조)에 따라 제조되어야 한다는 기존 생산자들과 충돌하고 있다. 전자는 법의 변화를 요구하고 후자는 금주법 폐지 이후 지금까지 지속된 법안을 고수하기 위해 로비한다. 미국 위스키 업계의 거물들은 자신들의 이익을 지키기 위해 미국증류주협의회(DISCUS)를 운영하고 있으며, 크래프트 증류소는 DISCUS 산하의 소규모증류소지부(Small Distiller Affiliate), 미국증류협회(ADI), 미국크래프트증류주협회(ACSA)에 속해 있다.

호텔과 바에서는 싱글 몰트가 버번, 라이 위스키와 더불어 칵테일을 만들 때 자주 쓰인다. 바에서는 위스키와 미리 섞어 몇 주에서 몇 달까지 5~10리터 캐스크에서 숙성시킨 칵테일을 내놓기도 한다. 이러한 움직임은 증류소가 위스키 숙성 키트를 고객에게 소매로 판매한 직접적인 결과라고 볼 수 있다.

또 다른 트렌드는 일명 희귀 버번 브랜드의 인기이다(7번 참조). 대표적인 경우가 패피 반 윙클 버번이다. 줄리언 반 윙클이 1935년 세운 스티첼-웰러(Stitzel-Weller) 증류소는 1972년 문을 닫았다. 그 후 줄리언 반 윙클 주니어는 스티첼-웰러 증류소의 전신인 스티첼 증류소가 금주법 이전에 시장에 출시했던 브랜드인 올드 립 반 윙클(Old Rip Van Winkle)을 부활시켰다. 스티첼–웰러 증류소의 다른 브랜드는 경영 악화로 모두 다른 회사에 매각되고 이들 가문이 권리를 가진 유일한 브랜드였다. 처음에는 이 브랜드를 공급하기 위해 예전 증류소의 재고를 매입해 사용했다. 그리고 약 10년 후에 그의 아들 줄리언 3세가 버팔로 트레이스에 자신들의 사양에 맞춰 버번 생산을 맡겼다. 한정 수량만 생산되기 때문에 시중에 유통되는 제품도 한정적일 수밖에 없었다. 이렇게 수량이 희소하니 가격이 비현실적으로 오르는 것은 당연한 결과였다. 이러한 발전 현상 중 일부는 일시적인 유행일 수도 있고 주류로 진입하는 것도 있을 수 있다.

위 : 사우스캐롤라이나주 찰스턴의 스트라이프 피그 증류소는 화이트 독 한 병과 작은 오크통을 판매한다. 이걸로 집에서 자신만의 배럴 숙성 칵테일을 만들 수 있다.
옆 페이지 : 진저비어와 페이머스 그라우스 조합의 RTD 칵테일.

278. 스코틀랜드의 위스키 시장 동향

1824년부터 1834년 사이에 약 260명의 스코틀랜드 증류업자가 면허를 받아 합법적인 위스키 생산자가 되었다. 그리고 이들 증류소 중 20곳이 오늘날까지 운영 중이다. 19세기의 마지막 10년 동안 놀랍게도 40개의 새 증류소가 세워졌고 그중 19곳이 아직도 위스키를 생산하고 있다. 1955년부터 1975년 사이에는 24개의 증류소가 시장에 신규 진입했고, 그중 14곳이 오늘날에도 영업 중이다.

스코틀랜드에 새 단장하거나 확장하고, 새로 짓는 증류소의 수는 증가하고 있다. 2004년 이후 30개 이상의 증류소가 이 명단에 합류했고 그 트렌드는 끝없이 계속되는 것 같다. 신진 주자들은 스코틀랜드 전역, 심지어 위스키 생산 역사가 오랜 지방에도 퍼져 있다. 현재 5개의 증류소와 몇 곳의 독립병입업자의 고향인 파이프 지방은 독특한 개성이 있는 위스키 지방으로 인정받기 위해 캠페인을 벌이고 있다. 위스키에 숙성 연수를 표시하지 않는 것(NAS)이 그리 새로운 현상을 아니지만, 싱글 몰트의 급부상으로 지난 수십 년간 숙성 연수가 강조되는 분위기였다. 오늘날 이러한 트렌드가 바뀌어 점점 더 많은 NAS 위스키가 시장에 출시되고 있다. 이는 오랜 위스키 공급량의 한계, 판매량의 증가, 숙성 연수 규제의 제약에서 벗어나려는 위스키 제조사의 욕구가 결합된 결과라고 볼 수 있다.

전 세계 위스키 트렌드에 발맞춰 스코틀랜드도 위스키 칵테일의 재탄생을 확인했다. 게다가 럼주와 보드카는 칵테일의 가장 중요한 알코올 성분인 위스키에 밀려 설자리를 잃었다. 세계 위스키 시장의 최대 주류 기업인 디아지오(Diageo)는 세계 최대 규모의 바텐더 대회를 주최하고 있다. 요즘 음료 시장에서는 진저비어(Gingerbeer)와 혼합한 위스키가 유행하고 있다.

위스키 관련 출판물에 있어서 스코틀랜드는 과거나 지금이나 여전히 주요 중심지이다. 1998년 세계 최초의 영국 위스키 전문지인 《Whisky Magazine》이 등장했다. 그리고 이 잡지는 해를 거듭하며 진화하면서 지금도 발행되고 있다. 새로운 출판물과 자료에는 《Whiskeria》, 계간 《Whisky Quarterly》와 scotchwhisky.com이 있다.

279. 아일랜드의 위스키 시장 동향

위스키 문화가 자국 시장에 꽃 피우면서 아이리시 위스키 자체가 세계적인 트렌드가 되었다. 아일랜드 전역에 새 증류소가 문을 열고 있다. 50년이 넘도록 제대로 된 위스키 단체도 없던 더블린도 이제는 위스키 박물관과 수상 경력(2016년 월드 위스키 어워드의 공로상)에 빛나는 방문객 센터와 더불어 틸링 증류소가 자리 잡고 있다. 그리고 향후 몇 년간의 전망에 따르면 20개 이상의 증류소가 추가로 문을 열 것으로 나타났다.

최근 10년 동안 아이리시 위스키의 판매량은 220%나 증가했다. 2015년 봄, 아일랜드위스키협회는 거대한 야망을 드러낸 문서를 발표했다. 이에 따르면 2030년까지 아이리시 위스키의 전 세계 판매량을 300%까지 증가시켜 향후 15년 동안 수출 수치의 2배의 성장을 달성하고, 아일랜드 위스키 관광객을 연간 60만 명에서 80만 명까지 유치해 향후 10년간 위스키 산업 일자리를 500명에서 6,500명으로 확대하며 동기간 아일랜드 위스키 산업에 약 11억 달러 이상의 투자를 계획 중이라고 했다. 아이리시 위스키는 미국 대표 위스키 기업인 빔 글로벌(Beam Global)이 쿨리(Cooley) 증류소를 인수할 정도로 인기를 되찾았다. 이러한 움직임이 일본 주류 업계의 거인 산토리(Suntory)의 눈에 띄지 않을 수 없었다. 그리하여 산토리는 2014년 빔 글로벌을 인수하여 아이리시 위스키와 버번을 모두 아우르는 라인업을 구성하게 되었다.

280. 네덜란드의 위스키 시장 동향

인구 1,700만 명의 네덜란드처럼 작은 나라에서는 마이크로 증류소의 수가 눈에 띄게 증가하는 추세이다. 현재는 주마다 증류소가 하나씩 있지만 20년 전만 해도 네덜란드 전역에 밀스톤 브랜드로 수상한 자이담(Zuidam)과 프리지아주의 프리스크 하인더(Frysk Hynder) 2곳만 존재했다. 이젠 이 두 증류소 모두 '마이크로'라는 꼬리표를 떼어 버렸다. 네덜란드에서도 연중 전국 곳곳에서 열리는 크고 작은 위스키 축제의 수가 증가하여 현재 12개에 달한다고 한다. 그리고 위스키 칵테일의 인기가 갑작스럽게 높아졌다. 바텐더들은 맨해튼(Manhattan), 위스키 사워(Whisky Sour), 러스티 네일(Rusty Nail), 올드패션드(Old-Fashioned) 같은 역사가 길고 신뢰할 만한 인기 제품에만 의존하지 않고, 개성적인 싱글 몰트로 혁신적인 레시피를 만들어 내려 노력하고 있다.

그리고 중요한 것은 위스키 관련 미디어의 수가 폭발적으로 증가하고 있다는 사실이다. 4개 회사에서 발행하는 4개의 위스키 잡지 외에도 전문가와 아마추어를 막론하고 위스키 전문 블로그와 온라인 잡지의 수가 증가했다. 예네버르(Jenever)는 네덜란드의 진(Gin)으로 전통 증류주이지만 네덜란드를 대표하고 있으며, 산업 기준으로 볼 때 네덜란드는 이미 성숙한 위스키 시장으로서 다른 나라들보다 먼저 새로운 위스키를 공급받아 전 세계 나라들의 시험대 역할을 하고 있다.

다음 페이지 : 더블린에 있는 틸링 증류소.

281. 유럽 여러 나라의 위스키 시장 동향

많은 유럽 국가에서 자신들만의 독특한 스타일의 위스키를 생산하는 크래프트 증류소의 수가 증가하고 있다. 독일어권 국가의 증류주 슈냅스(Schnapps)와 옵스틀러(Obstler) 생산자들은 자신들의 브랜디를 생산하던 증류기로 위스키를 증류한다. 하지만 그 위스키가 전부 스카치 싱글 몰트만큼 질이 좋은 것은 아니다. 프랑스도 마찬가지다. 바렁겜(Warenghem)과 글랑 아르 모르(Glann Ar Mor) 같은 증류소에서 생산된 고급 위스키가 유럽 전역의 주류 판매점 진열대에 등장하지만 그렇지 못한 것들도 적지 않다. 스웨덴 사람들은 마크미라(Mackmyra), 흐벤(Hven), 박스(Box), 스뫼겐(Smögen) 같은 유명 위스키를 생산한다. 1999년에 설립된 마크미라가 가장 오래된 회사이며, 새 증류소에서 관광객용 프로그램을 운영한다. 그들의 남쪽 이웃 덴마크에서는 디아지오로부터 1,300만 달러 자본 투자를 받은 브라운스타인(Braunstein), 페리 로한(Fary Lochan), 스타우닝(Stauning)이 주목을 끈다. 이탈리아는 최근 미래지향적 외관으로 유명한 푸니(Puni) 증류소로 이 대열에 합류했다(27번 참조).

위 : 스웨덴의 마크미라 증류소.
옆 페이지 위 : 스웨덴의 작은 섬 흐벤에 위치한 흐벤 증류소는 위스키뿐 아니라 아쿠아비트, 보드카, 진도 생산하며 모든 제품은 유기농이다.
옆 페이지 아래 : 덴마크 코이에의 브라운스타인 증류소와 양조장.

282. 일본의 위스키 시장 동향

일본에서는 위스키를 주로 단골 술집이나 작은 바에서 즐긴다. 이러한 술집이 수백 개가 있는데 대부분 매우 배타적이라 한 번에 20여 명의 손님만 대접한다. 보통 물과 얼음을 넣은 긴 잔에 위스키를 따라 한 번에 마시는 편인데, 이러한 관습을 '물과 혼합하다'는 의미의 '미즈와리'라고 부른다. 이는 전통적인 쌀 발효주인 소주를 마시던 관습에서 시작된 것이다. 20세기의 일본 위스키(스카치 위스키와 일본 몰트나 그레인 위스키를 블렌딩한 것)는 비교적 저렴했다. 하지만 일본인들이 순수한 자국산 제조 위스키를 수출하기 시작하면서 가격이 올랐다. 현재 일본은 스코틀랜드와 미국 다음으로 세 번째로 손꼽히는 위스키 생산국이다. 따라서 일본 밖에서 희소성이 높아 위스키 가격이 더욱 상승하고 있다. 일본의 대표적인 기업은 2개 이상의 증류소를 소유한 산토리(Suntory)와 니카(Nikka)이다. 과거에는 일본 증류소를 방문하기가 상당히 어려웠지만, 오늘날에는 여러 회사가 위스키 관광객에게 문을 열어 이제는 치치부(Chichibu), 카루이자와(Karuizawa), 하쿠슈(Hakushu), 후지고텐바(Gotemba), 산토리(Suntory) 증류소를 방문할 수 있다. 위스키 투어에 대해서는 찰스 맥클린이 쓴 《World Whisky》에 잘 설명되어 있다.

주목할 만한 흥미로운 현상은 일본이 미국, 아일랜드, 스코틀랜드 증류소를 매입하고 있다는 사실이다. 포 로지즈(Four Roses), 짐 빔(Jim Beam), 메이커스 마크(Maker's Mark), 쿨리(Cooley), 킬베간(Kilbeggan), 오큰토션(Auchentoshan), 보모어(Bowmore), 벤 네비스(Ben Nevis), 글렌 기리(Glen Garioch), 라프로익(Laphroaig)이 현재 일본 기업이 소유한 브랜드이다. 일본 기업의 다음 매입 목록에는 어떤 증류소가 올라 있을까?

283. 캐나다의 위스키 시장 동향

몇 년 전부터 여러 캐나다 증류소에서 자신들의 매시빌에 들어갈 호밀의 양을 늘리며 이제는 호밀 100%로 만든 위스키까지 출시되고 있다. ABV도 40%에 그치지 않고 45~50%까지 높였다. 싱글 배럴로 병입한 제품도 빛을 보기 시작했고, 마이크로 증류소의 수도 증가 추세인데 특히 브리티시콜럼비아주에서 두드러지게 나타난다. 그곳의 법이 개정된 덕분이다. 그리고 블렌디드되지 않은 위스키가 점점 더 많이 출시되고 있다.

284. 오스트레일리아의 위스키 시장 동향

오스트레일리아 인근 여러 국가에서는 오랫동안 위스키로 인정받을 조건을 충족하지 못한 토착 증류주가 소비되었다. 오늘날 이 나라들은 주로 스카치 위스키를 마시며, 그 다음으로 판매량이 높은 것은 인도의 암루트(Amrut), 타이완의 카발란(Kavalan) 같은 비교적 신생 싱글 몰트 위스키이다. 카발란 증류소는 오랜 전통을 자랑하며 실질적으로 업계 독점적 지위를 누리는 스코틀랜드 기업인 포사이스(Forsyth's)가 설계하고 건설한 곳이다. 오스트레일리아에서 눈에 띄는 현상은 태즈메이니아를 중심으로 위스키 증류소가 부활하고 있다는 것이다. 뉴질랜드도 와나카에 카드로나(Cardrona) 증류소가 지어져 위스키를 생산하고 있다.

285. 위스키 업계에 부는 혁신의 바람

위스키 세계의 혁신은 엄격한 법적 규제로 인해 더디게 이루어졌는데, 스코틀랜드와 미국이 특히 그렇다. 여러 단체에서 기존 위스키 전통을 보존하기 위해 새로운 아이디어들을 면밀히 검토하고 있는데, 주목할 만한 단체는 스카치위스키협회(SWA)와 미국증류주협의회(DISCUS)이다. 예를 들어 노바스코샤주의 한 캐나다 증류업자가 글렌 브레튼(Glen Breton)이라는 싱글 몰트를 출시했을 때 SWA는 비록 헛수고로 끝났지만 '글렌'이라는 단어는 스카치 위스키에 독점적으로 사용되어야 한다며 그 권리를 제한하려 했다.

그렇다고 해서 혁신이 전혀 일어나지 않는다는 뜻은 아니다. 혁신의 결과로 나온 제품이 공식적인 위스키로 인정받지 못할 수도 있지만 시장은 이렇게 흥미로운 음료로 풍요로워진다. 그러면 맛과 곡물, 숙성의 영역에서의 새로운 접근법을 살펴보자. 데렉 벨(Darek Bell)은 위스키 산업의 규칙을 파괴하는 대표적인 인물이다. 테네시주에 위치한 그의 크래프트 증류소 코세어(Corsair)는 증류에 사용되어야 하는 곡물의 종류와 방식에 대한 신조에 도전장을 던지는 실험의 장이다. 스모키한 향을 내려는 그의 실험 중 일부는 2013년 발표한 《Fire Water》에 기록되어 있다. 버지니아주 코퍼 폭스(Copper Fox) 증류소의 릭 와스먼드(Rick Wasmund)는 사과나무와 체리나무 연기로 위스키 재료로 사용되는 곡물에 맛을 입히고, 숙성에 영향을 주기 위해 앞 과정에서 사용되었던 사과나무와 오크 조각을 리필 버번 배럴 안에 넣는다. 미국 위스키 업계의 진정한 혁신가 중 한 명은 독립병입업자이자 블렌더인 존 글레이저(John Glaser)이다. 그는 오랫동안 스카치위스키협회와 충돌해왔다. 그럼에도 그는 미국 위스키가 아닌 스카치 위스키로 실험을 이어가고 있다.

실험에 도전하는 이들이 비단 크래프트 증류업자나 독립병입업자만은 아니다. 대형 증류소에서도 새로운 접근법을 시도되고 있다. 예를 들어 켄터키주 프랭크퍼트의 버팔로 트레이스(Buffalo Trace) 증류소는 싱글 오크 프로젝트(Single Oak Project)로 대표되는 매우 흥미로운 실험을 수행했다. 인치당 나이테의 수와 벌목된 장소를 기준으로 96그루의 오크나무를 선정하여 각 나무를 상단과 하단을 둘로 잘라 총 192개의 나무로 192개의 배럴을 만들었다. 배럴을 채우기 전 각각 다른 정도로 차링하고 각각 다른 레시피로 만들어진 위스키를 알코올 함유량을 달리해 배럴에 부은 뒤 각각 다른 종류의 창고에서 숙성시켰다. 4년이 지나 이 실험의 마지막 단계에서 위스키 애호가들은 총 1,396종의 맛과 더불어 192개 병을 통해 중요한 7가지 변수의 영향력을 비교할 수 있었다. 이 실험에서 똑같은 맛은 하나도 없었다. 시음자들의 총 5,086개의 리뷰를 검토한 뒤 80번 배럴이 최종 우승작으로 선정되었다. 이 프로젝트는 지금까지 수행된 버번 실험 중 가장 광범위하고 비용이 많이 든 실험으로 평가받는다.

또 다른 대형 증류사인 짐 빔(Jim Beam)도 몇 년 전 짐 빔 데블스 컷(Jim Beam Devil's Cut)을 출시했다. 이 제품은 위스키를 따라낸 빈 배럴을 특허받은 진동 기계로 헹궈 통에 배인 버번을 마지막 한 방울까지 짜낸 뒤 그 액체와 버번을 블렌딩한 것이다. 그리고 뒤이어 새 아메리칸오크 배럴에서 두 번째 숙성을 거친 더블 오크(Double Oak)를 선보였다. 잭 대니얼스(Jack Daniel's) 마저도 첨가물이 들어가는 플레이버드 위스키(Flavored Whiskys)를 넘어선 실험을 시도했다. 2014년 그들은 아메리칸 화이트오크 배럴에서 몇 년 등안 1차 숙성한 뒤 단풍나무 배럴에서 6개월에서 1년 동안 숙성한 No.27 골드(No.27 Gold)를 출시했다. 단풍나무 배럴은 오크 배럴보다 덜 튼튼하므로 그 짧은 숙성 기간에 천사의 몫이 20%에 달한다.

사우스캐롤라이나주 찰스턴에 기반을 둔, 비교적 덜 알려진 테레센티아(Terressentia)는 배럴 숙성에서 벗어난 전혀 다른 방식으로 접근했다. 숙성 연수가 낮은 위스키에 사흘 동안 계속해서 초음파와 산소를 주입하는 방식이다. 창업자들은 이처럼 과학의 지원을 받으면 숙성 기간을 12년에서 그주일로 줄일 수 있다고 주장했다. 하지만 대부분의 증류업자들은 이러한 주장을 확신하지 못한다. 숙성은 하룻밤 사이에 일어날 수 있는 간단한 현상이 아닌, 분자 운동 외에 더 많은 작용이 관련되어 있다는 것이다.

286. 위스키 향의 혁신

일부 사람들의 생각과 달리 플레이버드 위스키(Flavored Whisky)의 인기가 높아지고 있다. '플레이버드 위스키'란 정통 위스키와는 달리 위스키 원액에 첨가물이나 향이 들어간 위스키를 말한다. 이러한 트렌드는 미국 위스키 생산자들이 시장 점유율을 놓고 향이 나는 보드카에 맞설 방법을 찾으면서 형성되었다. 그리고 곧 다양한 위스키 제품이 등장하기 시작했다. 가장 인기 있는 제품은 꿀맛을 내는 테네시 허니(Tennessee Honey)와 짐 빔 허니(Jim Beam Honey),

체리 맛의 레드 스택(Red Stag), 생강 맛의 버질 케인(Virgil Kaine), 계피 맛의 파이어볼(Fireball), 스위트한 버번 맛의 파이어플라이(Firefly)이다. 스코틀랜드와 아일랜드 사람들도 망설임 끝에 이러한 트렌드를 좇아 듀어스 하이랜더 허니(Dewar's Highlander Honey)와 부시밀즈 아이리시 허니(Bushmills Irish Honey)를 내놓았다.

287. 크래프트 증류란?

크래프트 증류(Craft Distilling) 또는 마이크로 증류(Micro Distilling)는 '소규모 증류'를 가리키는 말로, 전통 생산 방식과 차별화하려는 혁신적인 증류소에서 행해지는 방식이다. 비록 연간 생산량이 대형 증류소보다 훨씬 적지만 그들이 생산하는 제품은 지난 10~15년 사이에 위스키 업계의 판도를 풍성하게 만들었다.

288. 위스키의 미래

위스키가 지금만큼 세간의 주목을 받은 적은 없었다. 많은 나라에서 위스키 클럽과 단체가 인기를 얻고 있으며 축제는 셀 수 없을 정도로 많이 열린다. 위스키 산업은 본질적으로 향후 몇 년 앞을 내다보며 운영될 수밖에 없는데 증류액이 몇 년의 숙성을 거쳐야 위스키라는 상품이 되어 판매할 수 있기 때문이다. 그런데 5년이나 10년은 말할 것도 없이 3년 동안 위스키가 얼마나 팔릴지 누가 예측할 수 있겠는가. 여기에는 위스키 세계의 발전에 영향을 미칠 수 있는 몇 가지 요인이 있다. 먼저 극동 지역이 성숙한 시장으로 변화할 수 있다. 성숙한 시장(Mature Market)이란 대규모 제조자들이 사용하는 용어로, 네덜란드, 벨기에, 스웨덴처럼 신흥 및 성장 단계를 지나 수익과 판매량의 성장이 둔화되는 시장을 뜻한다. 그리고 현재 있는 수많은 마이크로 증류소가 어떻게 발전할지 예측할 수는 없다. 일부는 살아남아 스스로 이름을 날릴 테지만, 나머지는 자금력 부족이나 대기업에 매각됨으로써 사라질 수도 있다. 뉴욕주 가디너에 있는 터틸타운 스피리츠(Tuthilltown Spirits) 증류소가 만든 허드슨(Hudson) 위스키가 대표적인 경우이다. 2014년 글렌피딕(Glenfiddich)과 발베니(Balvenie)로 유명한 윌리엄 그랜트 앤 선즈(William Grant & Sons)는 버번에 관심을 표명하더니 증류소가 아닌 그 브랜드를 매입했다. 터틸타운 스피리츠는 아직도 창립자가 운영하고 있지만 그랜트가 새로 인수한 버번만을 생산한다. 만약 위스키에 대한 수요가 지금 수준으로 유지되거나 더 증가한다면 앞으로 이와 비슷한 길을 가게 되는 유망한 소형 증류소가 더욱 많아질 것이다.

미국 전역에 위스키 바가 생겨나고 있는데, 금주법 시대의 주류 밀매점(Speakeasy)처럼 차려놓은 곳이 많다. 워싱턴 D.C.의 〈Jack Rose Dining Saloon〉은 뒤편에 이런 공간을 마련해 놓았고, 암스테르담의 〈Door 74〉는 출입구에서 검사를 통과한 뒤에 들어갈 수 있다. 증류소의 증가, 바텐더와 소믈리에의 전유물이었던 지식의 확산, 위스키 관련 출판물의 폭발, 인수합병 현상을 통해 위스키 소비가 우리가 미처 생각하지도 못했던 장소와 국가에서 증가할 것임을 예측할 수 있다. 스코틀랜드의 존경받는 증류주 가문이 부티크 버번 브랜드를, 일본이 빔 글로벌(Beam Global)을, 멕시코 데킬라 제조사인 호세 쿠엘보(Jose Cuervo)가 디아지오(Diageo)로부터 북아일랜드의 부시밀즈 (Bushmills)를 인수했다. 다음 타깃은 어디일까?

옆 페이지 : 터틸타운 스피리츠 증류소에서는 위스키를 베이스 라인이 시끄러운 음악에 맞춰 숙성시킨다. 그 진동이 숙성에 긍정적인 영향을 미친다고 한다.

CHAPTER 8

WHISKY
TRIVIA

8장 그 밖의 위스키 지식

289. 증류 기술은 누가 발명했을까?

증류 기술의 기원은 시간의 안개에 싸여 있다. 지금까지 역사의 흐름 속에서 이에 대해 역사가, 언론인, 작가, 아마추어들이 저마다 각양각색의 이야기를 풀어왔다. 많은 나라가 지지하는 신화는 증류 기술이 '비단길'이라 불리던 길을 통해 고대 중국으로부터 인도를 거쳐 중동으로 전해졌다는 것이다. 마르코 폴로와 그의 동료들이 중국으로 간 것도 이 길을 통해서였다. 이 이론을 뒷받침할 확실한 증거는 없지만 타당성을 암시하는 몇 가지 증거가 있다. 1980년대에 초기 형태의 증류 장비 일부가 과거 메소포타미아 지역이었던 이라크에서 발견된 것이다. 과학자들은 기원전 3500년 정도의 유물이라고 추정했다. 이 장비는 연고와 화장품에 사용할 향을 추출하는 용도였던 것 같다.

그리고 4000년 후에 증류 관습을 다룬 최초의 서면 기록이 이슬람 학자들의 저서에 등장했다. 그중 한 사람인 게베르(Geber)는 '아랍 화학의 아버지'로 불린다. 그는 연금술을 마술에서 과학의 영역으로 전환하는 큰 진보를 이루었으며 현대 실험실에서 여전히 사용되는 기본 장비 등의 다양한 발명품을 만들어냈다. 발명품 중 하나가 현대 포트 스틸의 선조격인 원시 증류 기구이다.

290. 위스키를 최초로 만든 나라는 어디일까?

일반적으로 아일랜드 사람들이 위스키 제조에 처음 손을 댔다고 추측한다. 이에 대한 일부 증거를 14세기 초에 아일랜드 주교 리처드 레드레드(Richard Ledred)가 편찬한 《Red Book of Ossory》에서 찾을 수 있다. 이 책은 증류 과정이 언급된 최초의 아일랜드어 기록이며, 이러한 점에서 그를 '위스키의 대부'라고 부르기도 한다.

옆 페이지 : 로크 에베 증류소의 포트 스틸. 현재 가동 중인 포트 스틸 중 크기가 가장 작다.

291. 위스키는 왜 주로 기온이 낮은 지방에서 증류되었을까?

남부 유럽은 완벽한 기후 조건 때문에 수 세기 동안 포도를 재배해 이를 와인으로 만들어왔다. 그러니 이 지역에서 코냑, 아르마냑 등의 브랜디가 기원한 것은 자연스러운 결과였다. 반면에 북부 유럽의 기후는 포도를 재배하기에는 기온이 너무 낮아서 보리를 주로 재배할 수밖에 없었다. 유럽 북부 지방이 유구한 맥주 양조 역사를 자랑하게 된 이유이다. 간단히 말하면 위스키는 홉(Hop)을 넣지 않고 증류한 맥주이다. 따라서 북부의 척박한 기후가 따뜻한 남부보다 위스키 제조에 더 유리한 조건으로 작용한 것이다. 오늘날에는 더운 지방에서도 위스키가 생산된다. 포도밭을 네덜란드나 잉글랜드 같은 북부에서도 볼 수 있듯이 보리나 옥수수도 어디서든 자라기 때문이다.

292. 위스키 제조법이 어떻게 아일랜드에 전해지게 되었을까?

8세기에 스페인을 침입한 북아프리카계 무어인(Moors)들이 기독교의 여명기에 유럽 전역에 자리 잡고 있던 수도원을 통해 증류 기술을 전파했다. 그 과정은 느리고 점진적이었다. 13세기 초에 프랑스의 귀족인 베튠(Bethune) 가문이 아일랜드와 스코틀랜드로 이주했다. 당시 이 가문에는 아랍과 그리스의 의학서가 보관된 대규모 도서관을 드나들 수 있는 저명한 의사가 많았다. 당시 증류는 의학적인 일이었다. 이들이 증류 기술의 전파자가 된 건 바로 이런 이유 때문이다.

293. 성 패트릭

아일랜드의 성인 패트릭(Saint Patrick, 387~461)은 아일랜드에 증류 기술이 도입되는 과정에 관련된 인물이다. 그는 노예 출신으로 주교의 자리에 오른 파란만장한 인생을 살았는데 선교 여정에서 복음을 전파하면서 증류 기술도 함께 전했다고 한다. 하지만 이는 성 패트릭이 아일랜드에서 뱀을 몰아냈다는 이야기만큼이나 신화일 가능성이 크다(고고학과 역사학적으로 아일랜드에는 처음부터 뱀이 없었다고 밝혀졌다).

294. 성 콜룸바

아일랜드 증류 기술의 기원과 관련해 잘못 연관된 또 다른 성인은 불과 한 세기 후에 성 패트릭의 선교 여정의 발자취를 뒤따른 성 콜룸바(Saint Columba)이다. 그는 563년 스코틀랜드 서부 해안 아이오나섬에 기독교 공동체를 세웠다. 그리고 평생 스코틀랜드와 아일랜드를 오가며 아일랜드의 증류 기술을 스코틀랜드에 전했다고 한다. 하지만 이 이론 역시 입증된 바는 없다.

다음 페이지 : 성 콜룸바가 세운 아이오나 수도원. 멀섬에서 바라본 전경이다.

295. 아일랜드에서 가장 역사가 긴 증류소는 어디일까?

아일랜드에서 현재 운영 중인 증류소 중 가장 오래된 곳은 아일랜드 중부 킬베간 마을에 위치한 킬베간(Kilbeggan) 증류소이다. 1757년 설립된 이 증류소는 예전에는 '브루스나(Brusna)' 또는 '로크스(Locke's)'라고 불렸으며 오랜 기간 서서히 쇠락의 길을 걸었다. 그러다 1982년 들어 지역 애호가들이 힘을 모아 강도 높은 복원 프로그램을 시작했다. 그리고 2011년 활동을 쉰 지 150년 만에 위스키 생산이 재개되었다. 킬베간 증류소의 현 소유주는 일본 기업 빔 산토리이다. 아일랜드에서 가장 오래된 면허증은 1608년 앤트림주에서 발행된 것이다. 1784년 그 지역에서 부시밀즈 증류소가 설립되었고, 현재는 북아일랜드 지역이다.

296. 스코틀랜드인들은 위스키 증류 기술을 어떻게 배웠을까?

스코틀랜드인들이 언제부터 위스키를 만들기 시작했는지는 정확히 알려지지 않았다. 아마도 증류 기술은 이웃 아일랜드에서 전파되었을 것으로 추정하지만 정확한 시기는 수수께끼로 남아 있다. 스코틀랜드의 위스키 제조 과정이 문헌에 최초로 언급된 시기는 《Red Book of Ossory》보다 한 세기 늦은 1494년이다. 따라서 아일랜드인이 '위스키의 발명자'로 주장하는 반면, 스코틀랜드인은 '위스키 마케팅의 발명자'라는 자부심을 갖고 있다.

옆 페이지 : 아일랜드에서 가장 오래된 킬베간 증류소의 내부 모습.

297. 존 코어

스코틀랜드 재무부의 기록에 의하면 1494년에 수도사인 존 코어(John Cor)가 증류
주를 만들었다고 적혀 있다. 존 코어는 왕의 명에 따라 약 508kg의 맥아로 생명의
물(Aqua Vitae)을 만들었으며, 공식적인 스코틀랜드 최초의 위스키 증류사이다.

298. 스코틀랜드에서 가장 역사가 긴
증류소는 어디일까?

스코틀랜드에는 18세기에 세워져 지금까지 운영되는 증류소가 몇 곳 남아 있
다. 발블레어(Balblair), 글렌 기리(Glen Garioch), 토버모리(Tobermory), 보모
어(Bowmore), 스트라스아일라(Strathisla), 글렌터렛(Glenturret)이며, 가장 오
래된 곳은 1775년 설립된 '글렌터렛'이다.

299. 위스키 증류 기술은 어떻게 미국에 전해졌을까?

미국의 첫 정착민들은 잉글랜드에서 대서양을 건너올 때 빵을 굽고 맥주를 양조할 작물을 기르기 위해 호밀과 보리 종자를 가져왔다. 당시 유럽에서는 증류가 대중화되었기 때문에 아마도 이상하게 생긴 구리 포트 스틸도 함께 가져왔을 것이다. 그리고 이 개척자들은 곧 뉴잉글랜드 지방에서 보리는 잘 자라지 않지만 호밀은 잘 자란다는 사실을 깨달았다. 그리하여 펜실베이니아 머논가힐라 지역에서 호밀을 이용한 최초의 아메리칸 위스키가 증류되었다(라이 위스키가 때로는 '머논가힐라 위스키'라고도 불리는 이유이다). 하지만 북미 원주민들을 통해 토착 곡물인 옥수수를 접한 뒤 서서히 옥수수가 위스키의 주재료가 되었다.

300. 위스키 반란이란?

18세기 미국 농부들은 잉여 작물을 소진하기 위해 위스키를 증류했다. 위스키는 빠르게 상품화되었고 의복이나 식량, 그 밖의 생필품과 물물교환할 수 있는 화폐 기능까지 하게 되었다. 위스키 한 배럴이 곡물 몇 포대보다 운반하기 쉬웠고, 위스키가 가공되지 않은 곡물보다 훨씬 더 가치가 높았다.

　미국이 독립 전쟁(1775~1783)을 거쳐 영국으로부터 독립했지만, 이 신생 국가는 8년에 걸쳐 전쟁을 치른 결과 엄청난 경제적 적자 상황에 직면해야 했다. 연방 정부는 전쟁 부채를 상환할 계획으로 위스키 세를 도입하기로 결정했다(전쟁이 영국과의 세금 문제로 촉발되었다는 점을 생각하면 참으로 아이러니한

계획이다). 이러한 조치는 펜실베이니아와 버지니아의 수많은 소농 증류소에 심각한 문제를 야기했다. 그들은 위스키를 화폐로 사용하며 현금 판매를 하지 않았으니 부과된 세금을 지불할 수 없었다. 그리하여 이러한 조치를 완전히 무시하기로 결정했고 정부는 이들로 인해 골치를 앓게 되었다. 연방 관리가 파견되어 농부들을 법정에 소환했다. 하지만 법정에 가려면 수백 킬로미터를 이동해야 했기에 농부들은 이를 단도직입적으로 거절했다. 이들이 벌금을 낼 마음이 없었다는 사실 외에도 그 여정 자체가 위험하기도 했다. 필라델피아의 비교적 안전한 지역에 이르려면 적대적인 아메리칸 원주민이 사는 여러 지역을 지나야 했기 때문이다.

결국 농부들은 반란을 일으켰다. 정부 관리들을 쫓아내고 그들의 집을 불태웠으며, 그 가족들을 죽이겠다고 위협하기도 했다. 이러한 행동을 용납할 수 없었던 정부는 15,000명 군대를 파견해 법과 질서를 회복했다. '위스키 폭동(Whisky Insurrection)'이라고도 불리는 위스키 반란(Whisky Rebellion)은 바람 앞의 촛불처럼 곧 꺼지고 말았다.

301. 미국 초대 대통령은 위스키와 어떤 관계가 있을까?

미국의 초대 대통령 조지 워싱턴(George Washington)은 위스키 반란의 싹을 틔운 데 큰 책임이 있는데, 은퇴 후 꽤 성공한 위스키 증류업자로 변신했다. 물론 스코틀랜드 출신의 증류소 관리자를 두긴 했지만 말이다. 그는 마운트 버넌의 사유지에서 많은 양의 위스키를 증류하여 상당한 수익을 올렸다. 그러나 그의 사후에 증류소는 곧 폐허가 되었고, 이 역사적인 단지는 21세기에 이르러서야 복원되어 현재는 관광 명소로 각광받고 있다. 가끔 마운트 버넌 증류소에서 소량의 위스키가 증류되기도 한다.

위 : 완벽한 복원 과정을 거쳐 재현된 마운트 버넌 증류소.
옆 페이지 : 펜실베이니아 서부의 위스키 반란을 진압하러 가는 워싱턴 장군과 그의 부대가 메릴랜드주 컴벌랜드 요새 근처를 지나고 있다.

302. 문샤이닝이란?

불법으로 하는 위스키 증류를 '문샤이닝(Moonshining)'이라고 한다. 이러한 불법 증류는 미국의 해안 저지대뿐만 아니라 테네시, 캐롤라이나, 조지아의 숲이 우거진 구릉 지대에서 달빛을 받으며 숨어서 이루어졌기 때문이다. 문샤인(Moonshine) 위스키는 무색이지만, 화이트 독(White Dog)과 혼동해서는 안 된다. 화이트 독은 합법적으로 갓 증류되어 나온 술이다. 오늘날에도 외딴 지역뿐 아니라 도시에서도 문샤이닝이 여전히 행해지고 있다.

303. 나스카와 문샤인 위스키는 어떤 관계가 있을까?

밀주업자들은 뒤를 쫓는 경찰로부터 도망치기 위해 차의 엔진을 더욱 강력하게 개조했다. 이렇게 개조된 차로 경찰과 레이싱을 펼친 것이 훗날 미국 최대의 자동차 경주 대회인 나스카(Nascar)의 기원이 되었다고 알려져 있다.

304. 엘라이져 크레이그

목사이자 사업가인 엘라이져 크레이그(Elijah Craig, 1738~1808)는 '버번의 아버지'로 알려져 있다. 그는 배럴 내부를 최초로 차링하여 버번의 맛을 향상시켰다. 그러나 크레이그 이전에 버지니아와 켄터키에서 버번을 제조해서 숙성했다는 기록이 존재한다.

305. 에반 윌리엄스

에반 윌리엄스(Evan Williams)는 미국 버지니아주 출신으로 1738년 미국 최초의 상업 증류소를 세웠다. 그 후 1792년 이 지역은 켄터키주가 되었다. 그의 이름은 에반 윌리엄스 켄터키 스트레이트 버번 위스키(Evan Williams Kentucky Straight Bourbon Whisky)에 남아 전해진다.

306. 잭 대니얼

잭 대니얼(Jack Daniel)은 어린 시절 새엄마를 피해 테네시의 집에서 도망쳐 상점 주인이자 교회 설교가인 댄 콜(Dan Call)에게 고용되었다. 콜은 자신의 농장 헛간에서 위스키를 만들기도 했는데, 어린 잭에게 위스키 제조에 대한 모든 지식을 전수할 계획이었다. 일설에 따르면 "넌 세계 최고의 위스키 제조자가 될 거야."라고 했다고 한다. 하지만 콜의 아내와 교구에서 그에게 술과 성령 중 하나를 선택하라고 강요하자, 그는 성령을 선택하고 증류기를 잭에게 맡기고 손을 뗐다. 이때가 1863년 무렵이었고, 1866년에 잭은 증류소를 등록했다. 오늘날 잭 대니얼스(Jack Daniel's)는 전 세계적으로 가장 많이 팔리는 아메리칸 위스키로 연간 생산량 1억 4천만 리터에 달하며 그중 절반가량이 유럽으로 수출된다.

307. 제임스 크로우

1833년 켄터키주에 있는 올드 오스카 페퍼(Old Oscar Pepper) 증류소는 스코틀랜드 출신 화학자이자 물리학자 제임스 크로우(James Crow) 박사를 고용했다. 그 후 22년 동안 크로우는 증류 공정을 개선하는 데 전력을 기울였으며, 여러 측정 도구를 개발해 출시 즉시 다른 증류사들의 인정받았다. 크로우는 위생 공정에 있어서도 공로를 남겼다. 그는 숙성 과정에 영향을 미치는 정도를 파악하기 위해 배럴을 다양한 정도로 차링하여 오늘날에도 사용되는 표준을 만들었다. 또한 사워 매시(Sour Mash) 방식을 도입한 공로도 인정받고 있다(149번 참조).

올드 오스카 페퍼 증류소는 완전히 복원되어 빠르게 미국 위스키 산업의 전시장의 하나로 자리 잡았다. 현재 이름은 우드포드 리저브 증류소이다.

308. 존 제임슨

존 제임슨(John Jameson)은 1749년 스코틀랜드에서 태어났다. 21세에 더블린으로 이주하여 위스키 증류사들과 어울리면서 1780년 보우 스트리트(Bow Street) 증류소를 설립했다. 이렇게 아일랜드에서 가장 잘 팔리는 위스키가 탄생했다. 2세기가 넘도록 제임슨 가족의 후손이 회사를 운영하다 1988년 프랑스 주류 회사 페르노리카에 합병되었다. 아이리시 위스키 제임슨(Jameson)은 더블린에서 미들턴으로 옮겨져 생산되고 있었다. 이 새로운 증류소에서는 패디(Paddy)와 그린 스팟(Green Spot)을 비롯해 다양한 브랜드를 생산하고 있다. 더블린의 원래 제임슨 증류소 건물은 2007년까지 버려져 방치되다가 560만 달러가 투입되어 복원되었으며, 올드 제임슨 증류소(Old Jameson Distillery)라는 박물관으로 재탄생했다.

309. 제임스 파워

제임스 파워(James Power)는 1791년 더블린에서 존스 레인(John's Lane) 증류소를 설립했다. 그리고 제임슨과 치열한 경쟁을 펼쳤다. 이 경쟁은 파워 가문과 제임슨 가문이 아일랜드 증류 그룹에 합병되는 1966년까지 계속되었다. 약 20년 후 페르노리카가 이 기업을 인수했다. 파워스(Powers)는 아일랜드에서 인기 있는 위스키이지만 이제는 국외에서도 인정을 받고 있다. 제임슨(Jameson)과 마찬가지로 1970년대에 생산 라인을 미들턴으로 옮겼다. 이 대형 증류소의 흔적은 국립 예술 디자인 대학에서 볼 수 있다(144번 참조).

310. 로버트 스타인

로버트 스타인(Robert Stein)은 1827년 컬럼 스틸(Column Still)을 발명한 사람이다. 훗날 그의 동료 이니어스 코페이가 이 발명품을 개선하여 '코페이 스틸(Coffey Still)'이라는 자신의 이름으로 특허를 냈다(138번 참조).

위 : 아일랜드의 킬베간 증류소 뜰에 있는 코페이 스틸 원형.
옆 페이지 위 : 아일레이섬에 있는 아드벡 증류소의 쌍둥이 탑은
  아늑한 레스토랑과 기념품점으로 바뀌었다.

311. 찰스 도이그

찰스 도이그(Charles Doig, 1855~1918)는 빅토리아 시대 후기의 가장 유명한 스코틀랜드 증류소 건축가로, 55개 이상의 증류소를 설계한 것으로 알려져 있다. 그의 이름은 굴뚝의 공기 흐름을 개선하기 위해 설계한 파고다루프(Pagoda Roof)에 남아 전해지고 있다. 파

고다루프는 탑 형태인데 '황금 비율'에 따라 설계되어 미적으로도 훌륭하다. 1889년 달유안(Dailuaine) 증류소에 최초의 탑 형태 지붕이 적용되었고, 그로부터 몇 년 지나지 않아 대부분 증류소가 이를 따르게 되었다.

312. 로버트 번스

로버트 번스(Rovert Burns, 1759~1796)는 스코틀랜드의 유명한 시인이다. 그의 이름은 위스키와 불가분의 관계이다. 그가 태어난 1월 25일이면 '번스 저녁 식사(Burns Supper)'라는 행사를 열어 그를 기념한다. 저녁 식사의 하이라이트는 스코틀랜드 전통 요리인 하기스를 먹는 것인데, 로버트 번스의 시 '하기스에게 바치는 글(Address to a Haggis)'을 낭송하고 이어서 고급 위스키 한 잔을 들어 하기스에 건배한다. 이 황금빛 액체를 하기스에 붓는 것도 흔한 관습이다.

313. 토리이 신지로

일본 위스키 산업의 창시자로 불리는 토리이 신지
로(Torii Shinjiro)는 1879년 오사카에서 태어났다.
1899년 블렌딩 기술을 연구하기 시작했고, 처음에
는 증류주를 와인과 블렌딩하는 법에 집중했다. 그
결과 1907년 달콤한 강화 와인으로 아카다마 포트
와인(Akadama Port Wine)을 내놓았고 이는 회사의
토대가 되었다. 당시 위스키는 스코틀랜드에서 수
입되고 있었다. 1923년 토리이는 독자적인 위스키
증류소를 세우는 데 투자하고 '야마자키(Yamazaki)'

라고 이름 지었다. 이 회사가 현 산토리(Suntory)의 전신이며, 현재 스코틀랜
드 위스키(오큰토션, 보모어, 라프로익, 글렌 기리)와 아일랜드 위스키(쿨리, 킬베
간)를 비롯해 빔 글로벌(짐 빔, 메이커스 마크, 캐나디안 클럽)도 소유하고 있다.

314. 타케츠루 마사타카

1918년 24세의 타케츠루 마사타카(Taketsuru Masataka)는 스코틀랜드로 향했
다. 그곳에서 위스키 만드는 법을 배울 계획이었다. 그는 2년 후 증류에 대한
풍부한 노하우를 가지고 고국에 돌아왔다. 스코틀랜드인 아내 제시 로버타 코
완과 함께였다. 그는 토리이 신지로의 회
사에 합류해 1923년 야마자키 증류소 건
설을 도왔고, 10년간 그곳에서 일했다.
1934년 타케츠루 마사타카는 자신의 증
류소를 세우기로 결심하고 일본 북부 홋
카이도 요이치로 이주했다. 그는 전통적
인 스코틀랜드 증류법을 따랐다. 멘토들

과 계속 연락을 주고받으며 노력을 기울인 끝에 마침내 자신의 위스키 니카 (Nikka)를 만들어내는 데 성공했다. 타케츠루는 1979년 89세의 나이로 세상을 떠났고, 1989년 니카는 스코틀랜드의 벤 네비스(Ben Nevis) 증류소를 인수했다.

315. 미나가와 타츠야

미나가와 타츠야(Minagawa Tatsuya)는 일본에서 가장 유명한 위스키 홍보대 사이다. 1990년대 그는 스코틀랜드로 건너와 크라이겔라치 마을의 유명한 크 라이겔라치 호텔의 바텐더로 일하다가 몇 년 후 근처 하이랜더 인 호텔로 옮 겼다. 그 후 산토리로부터 서유럽의 위스키 대사 자리를 제안 받았다. 그는 이 직함을 기꺼이 받아들였다. 유명한 위스키 전문가가 된 그에게 마침내 하 이랜더 인의 공동 소유 제안이 들어왔다. 그리하여 그는 위스키 업계의 경력 을 시작했던 크라이겔라치 마을로 돌아오게 되었다. 미나가와 타츠야는 위스 키의 깊은 지식, 특히 일본 위스키에 대한 해박한 지식으로 사랑받으며 위스 키 축제의 인기 초대 손님으로 활약하고 있으며, 그의 마스터 클래스는 높은 인기를 누리고 있다.

316. 하이램 워커

하이램 워커(Hiram Walker, 1819~1899)는 훗날 캐 나다 위스키 업계의 주요 회사로 성장하게 되는 하 이램 워커 앤 선즈(Hiram Walker and Sons Ltd.) 의 창립자이다. 하이램 워커가 만든 캐나디안 클럽 (Canadian Club)은 캐나다 위스키 중 가장 잘 팔리는 브랜드 중 하나이다. 하이램 워커는 제임스 구더햄 워츠, 헨리 코비, 조셉 시그램과 더불어 캐나다 위스 키 산업을 일군 5대 창업주 중 한 사람으로 꼽힌다.

317. 새뮤얼 브론프맨

새뮤얼 브론프맨(Samuel Bronfman, 1889~1971)은 어릴 때 부모를 따라 러시아에서 캐나다로 온 이민자 출신이다. 주류 업계에 발을 디딘 후 처음에는 유통도 겸했지만, 1924년 그는 자신의 회사인 디스틸러 코퍼레이션(The Distillers Corporation)을 세웠다. 당시 미국의 금주법 시대였기에 브론프맨은 남쪽 국경 지대에서 캐나다 위스키 밀수, 혹은 밀수 지원을 통해 수백만 달러를 벌었다. 브론프맨이 1928년 캐나다 증류회사 씨그램(Seagram's)을 인수했다는 점을 생각하면 얼토당토않은 과장은 아닌 것 같다. 그는 전 세계의 위스키에 투자하고 스코틀랜드의 시바스 리갈 등 다른 브랜드를 매입했다. 브론프맨은 존경과 두려움이 공존하는 극단적 평가를 받는 인물이다. 사업적으로는 냉정했지만 위대한 자선가이기도 했다. 그의 사후, 두 아들은 씨그램을 국제적인 대기업으로 성장시켰다. 21세기 초에 브론프맨의 손자는 음료사업부를 매각하고, 다국적 엔터테인먼트 미디어그룹 비방디(Vivendi)에 투자했다. 이렇게 브론프맨의 이름은 위스키 업계에서 사라졌지만 캐나다의 브론프맨 자선단체에 남아 전해지고 있다.

옆 페이지 : 스코틀랜드 크라이겔라치의 하이랜더 인 호텔은 전 세계 위스키 관광객들에게 사랑받는 장소이다.

CHAPTER 9

WHISKY DISTILLERIES

9장 세계의 위스키 증류소

318. 증류소 캐릭터란?

증류소마다 증류액의 독특한 풍미를 결정하는 특징을 갖고 있는데, 이를 '증류소 캐릭터(Distillery Character)'라고 한다. 마스터 디스틸러는 발효 시간을 변경하거나 맥아의 페놀 성분을 조정하거나(47번 참조) 특정 유형의 오크통을 선택하는 등의 실험을 할 수 있지만, 증류소 캐릭터를 정의하는 위스키의 기본적인 특징은 항상 인지할 수 있도록 유지한다.

319. 스코틀랜드의 증류소

스코틀랜드의 싱글 몰트는 오랫동안 지역에 따라 분류되어왔다. 스카치위스키협회에서 사용하는 분류법이 가장 보편적으로 통용되어 하이랜드, 스페이사이드, 로우랜드, 아일레이, 캠벨타운으로 분류한다. 아일레이를 제외한 하이랜드 지역의 섬들(아일랜즈)은 별도 지역으로 간주하는 경우도 있지만 공식적인 것은 아니다. 이러한 지역 구분은 위스키의 특징적인 향에 관한 지표였다. 아일레이는 독특한 스모키 향의 싱글 몰트로 유명하고, 스페이사이드의 몰트는 꽃과 과일 향이 특징이다. 그러나 오늘날은 스모키한 스페이사이드산 몰트뿐 아니라 피트 처리되지 않은 맥아로 만든 아일레이산 위스키도 볼 수 있다. 그럼에도 이러한 지역별 분류는 특정 증류소를 방문할 계획을 세우는 이들에게 유용한 정보가 된다. 다음은 스코틀랜드 몰트 증류소 목록이다.

위 : 스페이사이드 지방에서 가장 오래된 스트라스아일라 증류소.
앞 페이지 : 퍼스셔의 애버펠디 증류소.

1. 가트브렉(Gartbreck, 아일레이)
2. 글래스고(Glasgow, 로우랜드)
3. 글레네스크(Glenesk, 하이랜드)
4. 글레누리 로얄(Glenury Royal, 하이랜드)
5. 글렌가일(Glengyle, 캠벨타운)
6. 글렌고인(Glengoyne, 로우랜드/하이랜드)
7. 글렌 그란트(Glen Grant, 스페이사이드)
8. 글렌글라소(Glenglassaugh, 하이랜드)
9. 글렌 기리(Glen Garioch, 하이랜드)
10. 글렌둘란(Glendullan, 스페이사이드)
11. 글렌드로낙(Glendronach, 하이랜드)
12. 글렌로시(Glenlossie, 스페이사이드)
13. 글렌로시스(Glenrothes, 스페이사이드)
14. 글렌로키(Glenlochy, 하이랜드)
15. 글렌리벳(Glenlivet, 스페이사이드)
16. 글렌 모(Glen Mhor, 하이랜드)
17. 글렌 모레이(Glen Moray, 스페이사이드)
18. 글렌모렌지(Glenmorangie, 하이랜드)
19. 글렌버기(Glenburgie, 스페이사이드)
20. 글렌 스코시아(Glen Scotia, 캠벨타운)
21. 글렌 스페이(Glen Spey, 스페이사이드)
22. 글렌아기(Glenugie, 하이랜드)
23. 글렌알라키(Glenallachie, 스페이사이드)
24. 글렌 앨빈(Glen Albyn, 하이랜드)
25. 글렌 엘긴(Glen Elgin, 스페이사이드)
26. 글렌 오드(Glen Ord, 하이랜드)
27. 글렌카담(Glencadam, 하이랜드)
28. 글렌 키스(Glen Keith, 스페이사이드)
29. 글렌킨치(Glenkinchie, 로우랜드)
30. 글렌터렛(Glenturret, 하이랜드)
31. 글렌토커스(Glentauchers, 스페이사이드)
32. 글렌파클라스(Glenfarclas, 스페이사이드)
33. 글렌 플래글러(Glen Flagler, 로우랜드)
34. 글렌피딕(Glenfiddich, 스페이사이드)
35. 노스 포트/브레친(North Port/Brechin, 하이랜드)
36. 노칸두(Knockando, 스페이사이드)
37. 녹듀(Knockdhu, 스페이사이드)
38. 다프트밀(Daftmill, 로우랜드)
39. 달라스 듀(Dallas Dhu, 스페이사이드)
40. 달모어(Dalmore, 하이랜드)
41. 달무낙(Dalmunach, 스페이사이드)
42. 달위니(Dalwhinnie, 하이랜드/스페이사이드)
43. 달유안(Dailuaine, 스페이사이드)
44. 더프타운(Dufftown, 스페이사이드)
45. 던컨 테일러(Duncan Taylor, 하이랜드)
46. 딘스톤(Deanston, 하이랜드)
47. 라가불린(Lagavulin, 아일레이)
48. 라프로익(Laphroaig, 아일레이)
49. 레이디번(Ladyburn, 로우랜드)
50. 로얄 로크나가(Royal Lochnagar, 하이랜드)
51. 로얄 브라클라(Royal Brackla, 하이랜드)
52. 로즈뱅크(Rosebank, 로우랜드)
53. 로즈아일(Roseisle, 하이랜드)
54. 로크 로몬드(Loch Lomond, 하이랜드)
55. 로크사이드(Lochside, 하이랜드)
56. 로크 에베(Loch Ewe, 하이랜드)
57. 롱몬(Longmorn, 스페이사이드)
58. 리틀밀(Littlemill, 로우랜드)
59. 링크우드(Linkwood, 스페이사이드)
60. 마녹모어(Mannochmore, 스페이사이드)
61. 맥더프(Macduff, 하이랜드)
62. 맥캘란(Macallan, 스페이사이드)
63. 모트락(Mortlach, 스페이사이드)
64. 밀번(Millburn, 하이랜드)
65. 밀튼더프(Miltonduff, 스페이사이드)
66. 바라(Barra, 아일랜즈)
67. 반프(Banff, 하이랜드)
68. 발린달로크(Ballindalloch, 스페이사이드)
69. 발메낙(Balmenach, 스페이사이드)
70. 발베니(Balvenie, 스페이사이드)
71. 발블레어(Balblair, 하이랜드)
72. 벤네비스(Ben Nevis, 하이랜드)
73. 벤로막(Benromach, 스페이사이드)
74. 벤리니스(Benrinnes, 스페이사이드)
75. 벤리악(Benriach, 스페이사이드)
76. 벤와이비스(Ben Wyvis, 하이랜드)
77. 보모어(Bowmore, 아일레이)
78. 부나하벤(Bunnahabhain, 아일레이)
79. 브레이발(Braeval, 스페이사이드)
80. 브로라(Brora, 하이랜드)
81. 브룩라디(Bruichladdich, 아일레이)
82. 블라드녹(Bladnoch, 로우랜드)
83. 블레어 애설(Blair Athol, 하이랜드)
84. 세인트 막달린(St. Magdalene, 로우랜드)
85. 스카파(Scapa, 아일랜즈)
86. 스트라선(Strathearn, 하이랜드)

87. 스트라스밀(Strathmill, 스페이사이드)
88. 스트라스아일라(Strathisla, 스페이사이드)
89. 스페이번(Speyburn, 스페이사이드)
90. 스페이사이드(Speyside, 하이랜드/
    스페이사이드)
91. 스프링뱅크(Springbank, 캠벨타운)
92. 아드나무칸(Ardnamurchan, 하이랜드)
93. 아드나호(Ardnahoe, 아일레이)
94. 아드모어(Ardmore, 하이랜드)
95. 아드벡(Ardbeg, 아일레이)
96. 아란(Arran, 아일랜즈)
97. 아벨라워(Aberlour, 스페이사이드)
98. 아비키(Arbikie, 하이랜드)
99. 아빈 재라크(Abhainn Dearg, 아일랜즈)
100. 아일사 베이(Ailsa Bay, 로우랜드)
101. 아일 오브 해리스(Isle of Harris, 아일랜즈)
102. 알타바인(Allt-a-Bhainne, 스페이사이드)
103. 애넌데일(Annandale, 로우랜드)
104. 애버펠디(Aberfeldy, 하이랜드)
105. 에덴 밀(Eden Mill, 로우랜드)
106. 에드라두어(Edradour, 하이랜드)
107. 오반(Oban, 하이랜드)
108. 오크로이스크(Auchroisk, 스페이사이드)
109. 오큰토션(Auchentoshan, 로우랜드)
110. 올드 풀트니(Old Pulteney, 하이랜드)
111. 올트모어(Aultmore, 스페이사이드)
112. 울프번(Wolfburn, 하이랜드)
113. 인버레븐(Inverleven, 로우랜드)
114. 인치고워(Inchgower, 스페이사이드)
115. 인치데어니(Inchdairnie, 로우랜드)
116. 임페리얼(Imperial, 스페이사이드)

117. 주라(Jura, 아일랜즈)
118. 카듀(Cardhu, 스페이사이드)
119. 캐퍼도닉(Caperdonich, 스페이사이드)
120. 콘발모어(Convalmore, 스페이사이드)
121. 콜번(Coleburn, 스페이사이드)
122. 쿨일라(Caol Ila, 아일레이)
123. 크라간모어(Cragganmore, 스페이사이드)
124. 크라이겔라치(Craigellachie, 스페이사이드)
125. 클라이넬리시(Clynelish, 하이랜드)
126. 키닌비(Kininvie, 스페이사이드)
127. 킨클레이스(Kinclaith, 로우랜드)
128. 킬리로크(Killyloch, 로우랜드)
129. 킬호만(Kilchoman, 아일레이)
130. 킹스반스(Kingsbarns, 로우랜드)
131. 탈리스커(Talisker, 아일랜즈)
132. 탐나불린(Tamnavulin, 스페이사이드)
133. 탐듀(Tamdhu, 스페이사이드)
134. 털리바딘(Tullibardine, 하이랜드)
135. 토라벡(Torabhaig, 아일랜즈)
136. 토마틴(Tomatin, 하이랜드)
137. 토모어(Tormore, 스페이사이드)
138. 토민톨(Tomintoul, 스페이사이드)
139. 토버모리(Tobermory, 아일랜즈)
140. 티니닉(Teaninich, 하이랜드)
141. 파크모어(Parkmore, 스페이사이드)
142. 페터케런(Fettercairn, 하이랜드)
143. 포트 엘렌(Port Ellen, 아일레이)
144. 폴커크(Falkirk, 로우랜드)
145. 피티바히(Pittyvaich, 스페이사이드)
146. 하이랜드 파크(Highland Park, 아일랜즈)

옆 페이지 : 스코틀랜드에서 가장 높은 곳에 위치한 달위니 증류소에서는
특유의 꿀 향이 감도는 싱글 몰트를 생산한다.

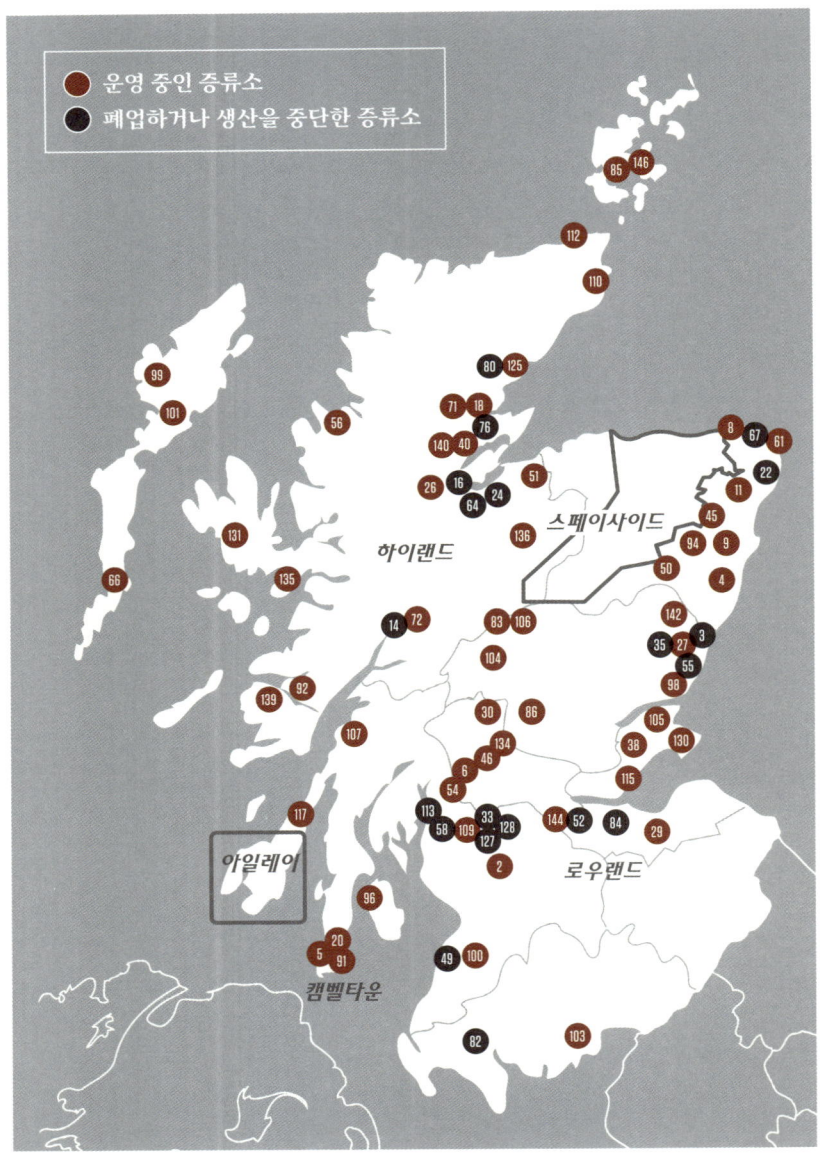

라프로익, 라가불린, 아드벡은 근처에 8세기에 만들어진 킨달톤 십자가가 있어서
'킨달톤 증류소'라고도 불린다. 킨달톤 십자가에는 켈트족과 기독교 상징이 공존한다.
'하이 크로스(High Cross)'라고도 불리는 사진 속 십자가는 이중 가장 잘 보존된 것이며,
역사적으로 같은 시기 아이오나섬에 세워진 십자가와 모양이 비슷하다(294번 참조).

스페이강은 스코틀랜드에서 가장 유속이 빠른 강으로
주변 위스키 생산 지역의 이름이 되었다.

스페이사이드

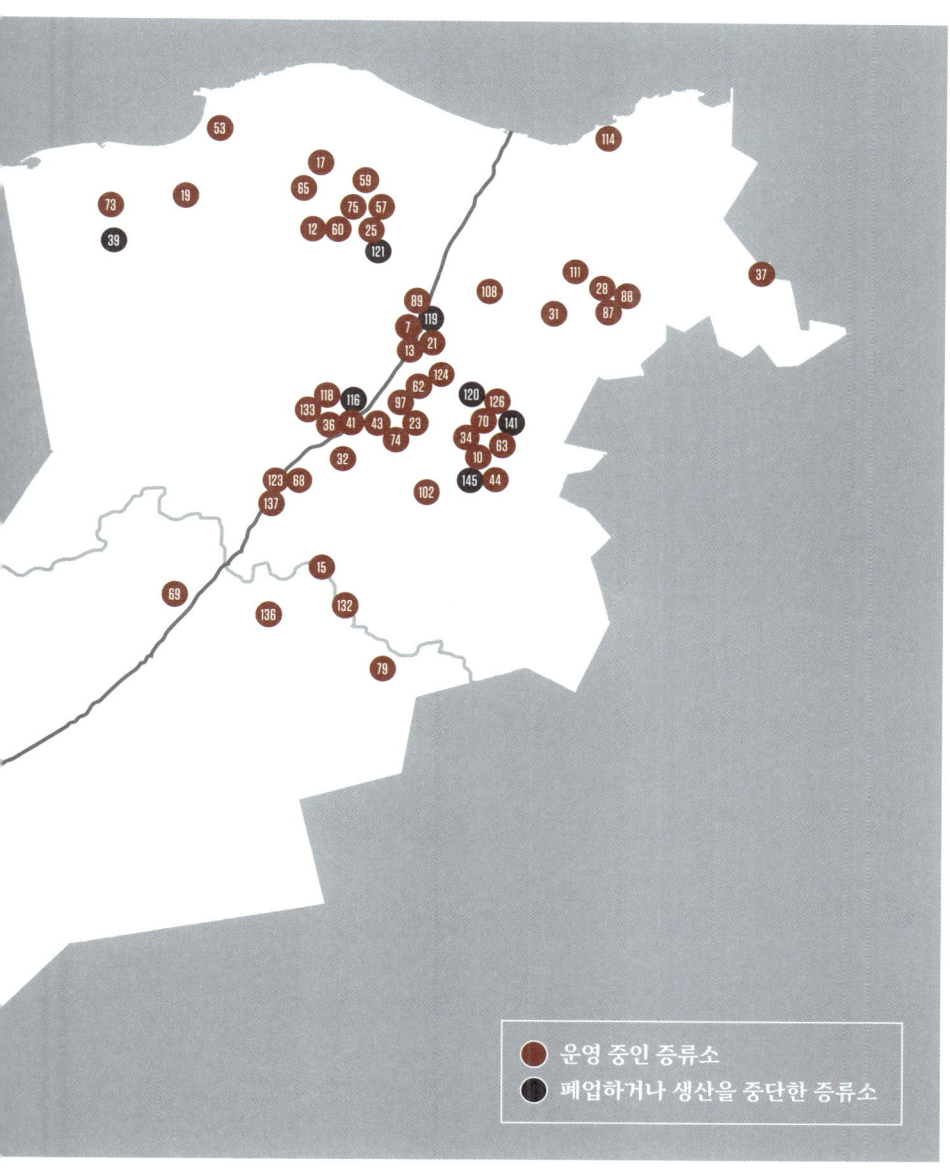

운영 중인 증류소
폐업하거나 생산을 중단한 증류소

320. 아일랜드의 증류소

아일랜드는 위스키 산지에 따라 분류하지 않는다. 하지만 아일랜드공화국과 북아일랜드는 구별해야 한다. 아일랜드공화국에서는 오랫동안 코크의 미들턴, 쿨리반도의 쿨리, 킬베간 마을의 킬베간, 이 3곳의 증류소에서만 위스키가 생산되었다. 최근 소규모 크래프트 증류소들이 크게 성장했고, 그중 올테크/칼로우와 틸링이 유명하다. 북아일랜드에는 앤트림주의 부시밀즈 증류소 하나만 있었는데, 이제 벨파스트에 에쉴린빌 증류소도 생겼다. 다음은 아일랜드 증류소 목록이다.

1. 그레이트 노던 (Great Northern)
2. 딩글(Dingle)
3. 미들턴(Midleton)
4. 벨파스트 디스틸러리 컴퍼니(Belfast Distillery Company)
5. 부시밀즈(Bushmills)
6. 에쉴린빌(Echlinville)
7. 올테크/칼로우 (Alltech/Carlow)
8. 워터포드(Waterford)
9. 월시 위스키(Walsh Whisky)
10. 웨스크 코크(West Cork)
11. 쿨리(Cooley)
12. 킬베간(Kilbeggan)
13. 탈라모어 듀(Tullamore Dew)
14. 틸링 위스키 컴퍼니 (Teeling Whisky Company)
15. 피어스 라이온스(Pearse Lyons)

북아일랜드 앤트림주에 있는 부시밀즈 증류소 방문객 센터.

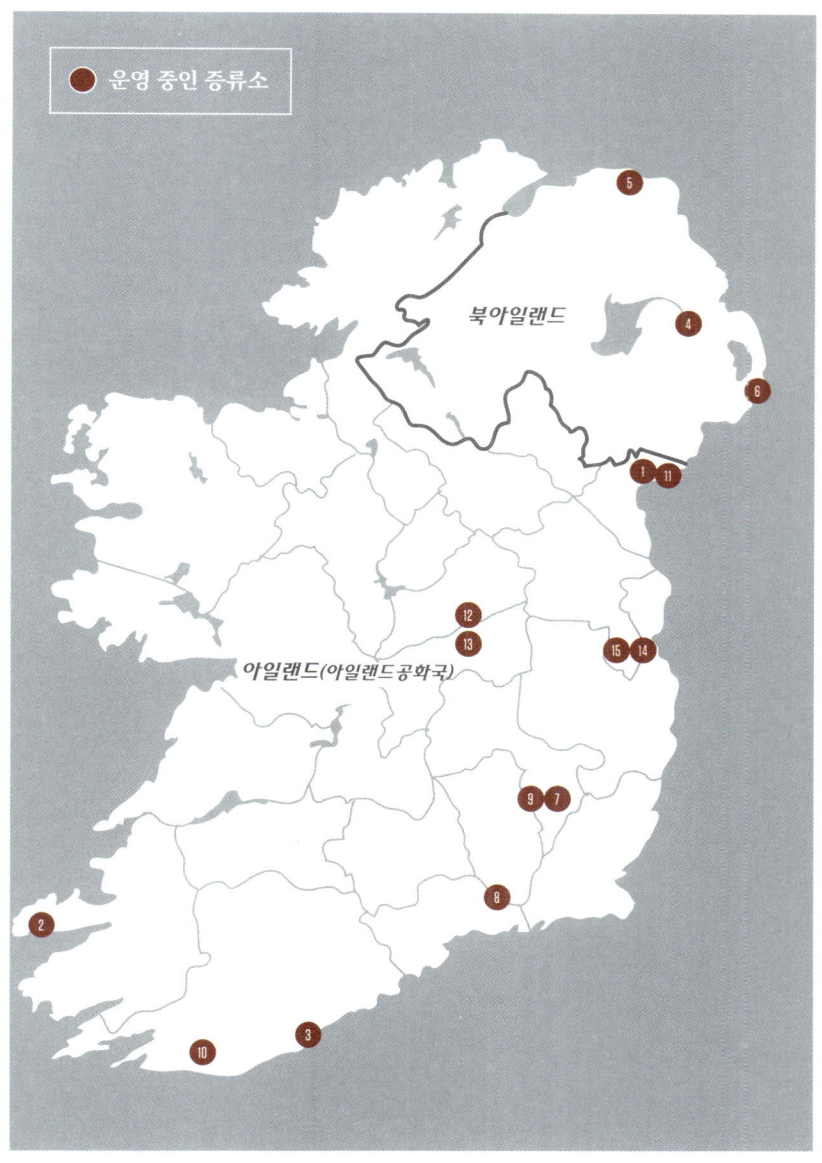

운영 중인 증류소

북아일랜드

아일랜드(아일랜드공화국)

321. 잉글랜드와 웨일스의 증류소

잉글랜드와 웨일스 모두 한 세기 이상 위스키 증류소가 1곳도 없었다. 최초의 증류소는 2004년에 문을 연 웨일스 지방의 펜데린이다. 뒤이어 2006년 잉글랜드 동부에 세인트 조지스 증류소가 문을 열었다. 그 후 레이크, 런던 디스틸러리 컴퍼니, 애드넘즈, 힉스 앤 힐리, 코츠월즈 증류소가 그 대열에 합류했다. 웨일스와 잉글랜드는 생산지 표시를 하지 않는다. 다음은 잉글랜드와 웨일스의 증류소 목록이다.

1. 다트무어 위스키(Dartmoor Whisky)
2. 런던 디스틸러리 컴퍼니
   (The London Distillery Company)
3. 레이크(Lakes)
4. 빔버(Bimber)
5. 세인트 조지스(St. George's)
6. 스피릿 오브 요크셔(Spirit of Yorkshire)
7. 애드넘즈(Adnams)
8. 코츠월즈(Cotswolds)
9. 펜데린(Penderyn)
10. 힉스 앤 힐리(Hicks & Healey)

잉글랜드 동부의 노리치에 있는 세인트 조지스 증류소의 숙성 창고.

웨일즈

잉글랜드

운영 중인 증류소

322. 미국의 증류소

버번의 고향인 켄터키주는 미국에서 위스키 증류소가 가장 많이 밀집해 있는 곳이다. 그래서 실제 방문해보면 바톤 1792, 버팔로 트레이스, 포 로지즈, 헤븐 힐, 짐 빔, 메이커스 마크, 와일드 터키, 우드포드 리저브 증류소들이 비교적 가까운 거리에 모여 있다. 이렇게 밀집하게 된 것은 1920년대 금주법(178번 참조) 때문이었다. 1933년 금주법이 폐지된 후 위스키 산업은 거의 바닥부터 다시 시작해야 했다. 셴리 코퍼레이션, 사제락 가문, 샤피로 브라더스 등 소수의 대규모 업체가 힘을 합쳐 켄터키의 증류소 업계를 재건한 결과 현재의 증류소 단지가 탄생한 것이다. 몇 년 전 패피 반 윙클을 만들던 옛 스티첼-웰러 증류소가 현재의 소유주 디아지오에 의해 되살아났다. 테네시주에서는 잭 대니얼스와 조지 딕켈이 차로 30분 거리에 위치해 있으며, 켈소에 있는 프리처드와도 그리 멀지 않다.

과거 씨그램이 소유하다 지금은 MGP에게 넘어간 인디애나주의 이름 없는 증류소 단지에서는 개인 브랜드와 다양한 크래프트 증류소를 위해 엄청난 양의 위스키와 버번을 생산한다. 미국 전역으로 확대해서 살펴보면 거의 모든 주에 크래프트 증류소가 있으며, 그 수는 수백 개에 달한다. 이렇게 성장하게 된 것은 증류 면허 취득이 더 간단해지도록 법이 개정된 덕분이다. 등록된 800개 크래프트 증류소의 약 25%가 자신의 위스키를 직접 증류하고 있으며 유통은 대개 제한적이다. 대형 위스키 증류소의 밀집도가 가장 높은 주는 여전히 켄터키주와 테네시주이다. 다음은 각 주에서 유명한 위스키 증류소를 간단히 정리한 목록이다.

옆 페이지 위 : 켄터키주에 있는 우드포드 리저브 증류소의 그림 같은 방문객 센터.
옆 페이지 아래 : 켄터키주에 있는 짐 빔의 클레몬트 증류소는 거대한 산업 단지이다.

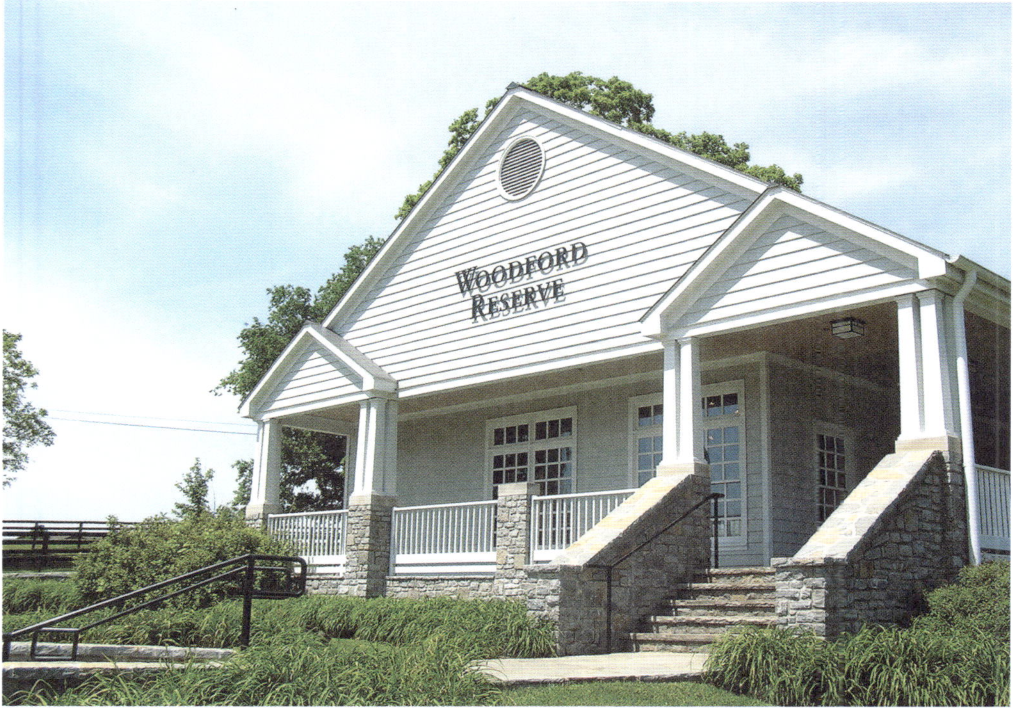
WOODFORD
RESERVE

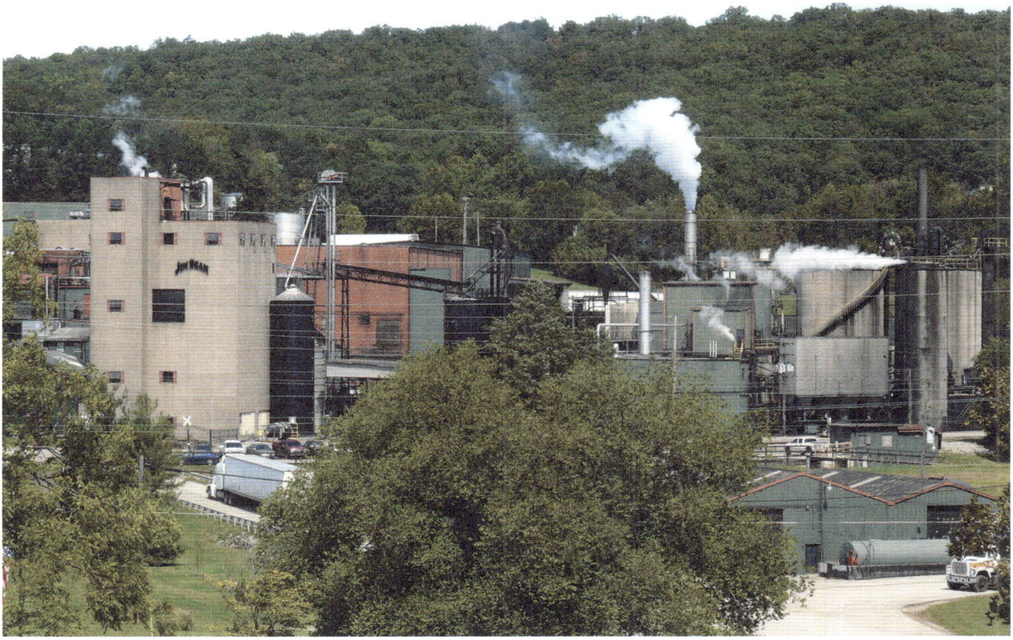
JIM BEAM

켄터키
1. 메이커스 마크 (Maker's Mark)
2. 바톤 1792(Barton 1792)
3. 버팔로 트레이스 (Buffalo Trace)
4. 불렛(Bulleit)
5. 브라운포맨 (Brown-Forman)
6. 와일드 터키 (Wild Turkey)
7. 왓슨스(Wathen's)
8. 우드포드 리저브 (Woodford Reserve)
9. 윌렛(Willett)
10. 짐 빔(Jim Beam)
11. 포 로지즈(Four Roses)
12. 헤븐 힐(Heaven Hill)

테네시
13. 잭 대니얼스 (Jack Daniel's)
14. 조지 딕켈 (George Dickel)
15. 코세어(Corsair)
16. 프리쳐드(Prichard's)

앨라배마
17. 빅 에스캠비아 스피리츠 (Big Escambia Spirits)
18. 아이언스(Irons)

알래스카
19. 알래스타(Alaska)
20. 앵커리지(Anchorage)

애리조나
21. 애리조나 디스틸링 컴퍼니(Arizona Distilling Company)
22. 해밀턴(Hamilton)

아칸소
23. 록 타운(Rock Town)
24. 아칸소 문샤인 (Arkansas Moonshine)

캘리포니아
25. 앵커 디스틸링 컴퍼니 (Anchor Distilling Company)
26. 차베이(Charbay)

콜로라도
27. 스트라나한스 (Stranahans)
28. 우즈 하이 마운틴 (Wood's High Mountain)

코네티컷
29. 엘름 시티(Elm City)
30. 오닉스 스피리츠 (Onyx Spirits Co.)

델라웨어
31. 페인티드 스테이브 (Painted Stave)

플로리다
32. 세인트 어거스틴 (St. Augustine)
33. 키 웨스트(Key West)

조지아
34. 달톤(Dalton)
35. 서틴스 콜로니 (Thirteenth Colony)

아이다호
36. 에잇 페더스 (8 Feathers)
37. 아이다호 버번 (Idaho Bourbon)

일리노이
38. 코발(Koval)
39. 퀸시 스트리트 (Quincy Street)

인디애나
40. 12.05 디스틸러리 (12.05 Distillery)
41. 미드웨스트 그레인 프로덕트 인그리언츠 (Midwest Grain Products Ingredients)

아이오와
42. 시더 릿지 와이너리 앤 디스틸러리 (Cedar Ridge Winery & Distillery)
43. 템플턴 라이 (Templeton Rye)

캔자스
44. 유니온 호스 (Union Horse)
45. 하이 플레인스 (High Plains)

루이지애나
46. 루이지애나 라이트닝 LLC (Louisiana Lightning LLC)
47. 아틀리에 비 (Atelier Vie)

메인
48. 리퀴드 라이엇 보틀링 (Liquid Riot Bottling Co.)
49. 위글리 브릿지 (Wiggly Bridge)

메릴랜드
50. 올드 라인 스피리츠 (Old Line Spirits)
51. 피오레(Fiore)

매사추세츠
52. 버크셔 마운틴 (Berkshire Mountain)
53. 불리 보이(Bully Boy)

미시간
54. 뉴 홀랜드 브루잉 (New Holland Brewing Co.)
55. 저니맨(Journeyman)

미네소타
56. 밀러스 앤 세인트
(Millers & Saints)
57. 일레븐 웰즈
(Eleven Wells)

미시시피
58. 스위트 워터
(Sweet Water)
59. 캣헤드(Cathead)

미주리
60. 코퍼 런(Copper Run)
61. 티스 레드넥
(T's Redneck)

몬태나
62. 글래시어(Glacier)
63. 래틀스네이크 크릭
(Rattlesnake Creek)

네브래스카
64. 컷 스파이크(Cut Spike)

네바다
65. 브랜디드 하츠
(Branded Hearts)
66. 세븐 트러프스
(Seven Troughs)

뉴햄프셔
67. 디진 스피리츠
(Djinn Spirits)
68. 탬워스(Tamworth)

뉴저지
69. 저지 스피리츠
(Jersey Spirits)
70. 클레몬트(Claremont)

뉴멕시코
71. 돈키호테(Don Quixote)
72. 산타페 스피리츠
(Santa Fe Spirits)

뉴욕
73. 롱아일랜드 스피리츠
(Long Island Spirits)

74. 터틸타운 스피리츠
(Tuthilltown Spirits)

노스캐롤라이나
75. 블루 릿지(Blue Ridge)
76. 풋힐스(Foothills)

오하이오
77. 워터셰드(Watershed)
78. 캐널 스피리츠 크래프트
(Canal Spirits Craft)

오클라호마
79. 시저테일(Scissortail)

오리건
80. 로그 스피리츠
(Rogue Spirits)
81. 클리어 크릭
(Clear Creek)

펜실베이니아
82. 카운티 시트 스피리츠
(County Seat Spirits)
83. 피츠버그(Pittsburgh)

로드아일랜드
84. 선즈 오브 리버티
스피리츠(Sons of Liberty
Spirits Co.)

사우스캐롤라이나
85. 스트라이프 피그
(Striped Pig)
86. 하이 와이어(High Wire)

사우스다코타
87. 다코타 스피리츠
(Dakota Spirits)

텍사스
88. 발콘스(Balcones)
89. 옐로우 로즈
(Yellow Rose)

유타
90. 하이 웨스트(High West)

버몬트
91. 애팔래치안 갭
(Appalachian Gap)
92. 휘슬피그(Whistlepig)

버지니아
93. 스미스 보먼
(A. Smith Bowman)
94. 조지 워싱턴
(George Washington)
95. 코퍼 폭스(Copper Fox)

워싱턴
96. 투바 스피리츠
(2Bar Spirits)
97. 우딘빌 위스키
(Woodinville Whisky
Co.)

워싱턴 D.C.
98. 원 에이트(One Eight)

웨스트버지니아
99. 블랙 드래프트
(Black Draft)
100. 웨스트 버지니아
(West Virginia)

위스콘신
101. 데스 도어(Death's Door)
102. 포티피프스 패러렐
(45th Parallel)

운영 중인 증류소

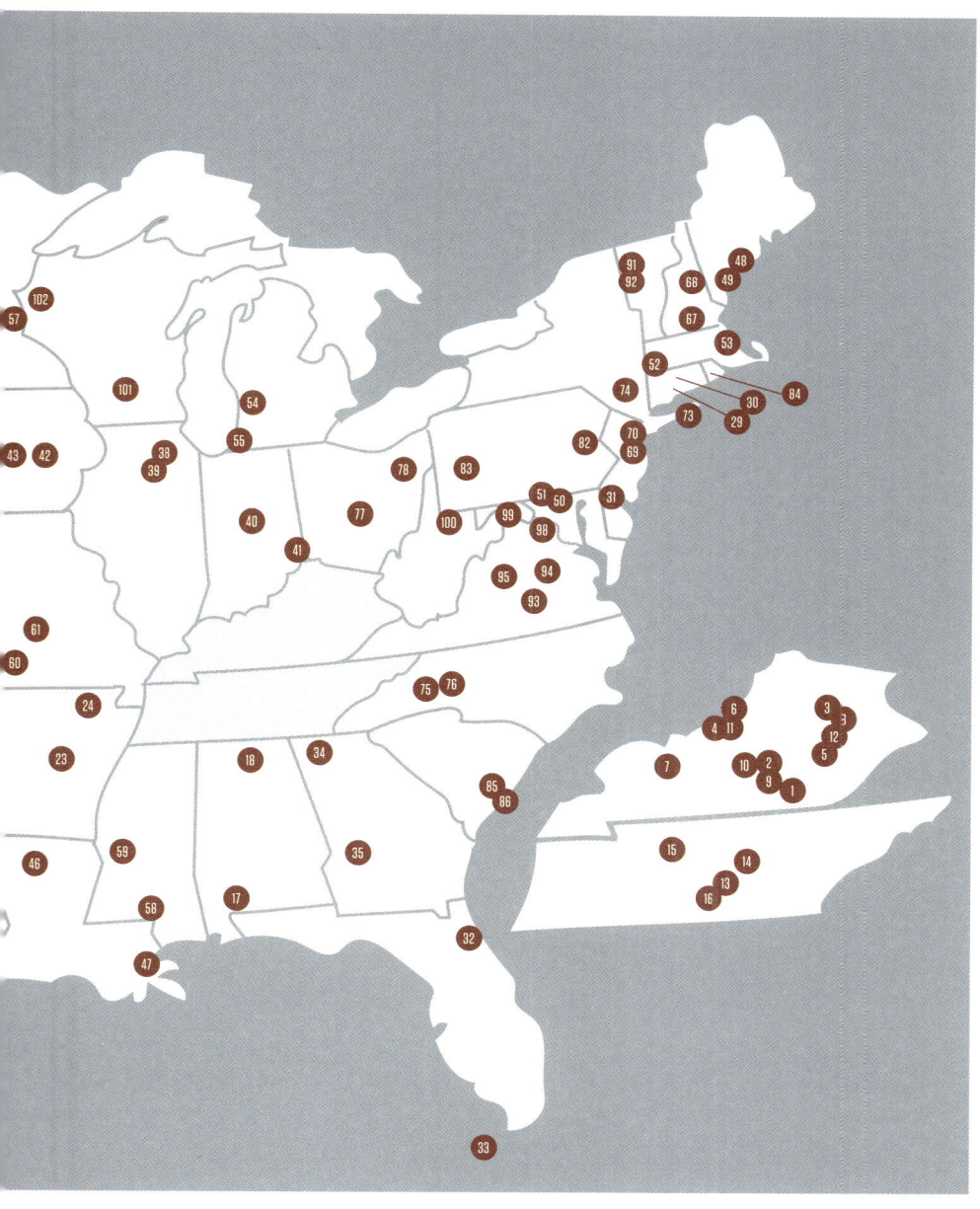

323. 캐나다의 증류소

캐나다의 증류소는 전국에 퍼져 있다. 앨버타, 블랙 벨벳, 하이우드는 앨버타 주에, 김리는 매니토바주에 있으며, 하이램 워커, 캐나디안 미스트, 포티 크릭은 온타리오주에, 밸리필드는 퀘벡주에 있다. 이들 증류소는 각각 저마다의 생산 방식을 따르기 때문에 지역별 특징이나 위스키의 캐릭터를 정의하는 테루아(Terroir)로 일반화하기는 어렵다. 노바스코샤주에 있는 글렌노라에서 캐나다 최초의 싱글 몰트 위스키가 증류되었다. 다음은 캐나다의 대형 증류소와 일부 크래프트 증류소를 간단히 정리한 목록이다.

1. 글렌노라(Glenora)
2. 김리(Gimli)
3. 밸리필드(Valleyfield)
4. 블랙 벨벳(Black Velvet)
5. 앨버타(Alberta)
6. 캐나디안 미스트(Canadian Mist)
7. 포티 크릭(Forty Creek)
8. 하이램 워커 앤 선즈(Hiram Walker & Sons)
9. 하이우드(Highwood)

1984년 이전까지 캐나다 로키산맥의 하이우드 증류소는
'서니베일(Sunnyvale)'이라고 불렸다.

324. 일본의 증류소

일본의 위스키는 약 1세기의 제조 역사를 가지고 있으며, 일본 최초의 증류소는 1923년 설립된 야마자키이다. 일본의 대표적인 증류소는 야마자키, 요이치, 마르스 신슈이다. 일본에는 위스키를 소량 생산하는 증류소부터 대형 증류소까지 20개가 넘는다. 아래는 대표적인 증류소 목록이다.

1. 마르스 신슈(Mars Shinshu)
2. 미야기쿄(Miyagikyo)
3. 미야시타 주조 (Miyashita Shuzo)
4. 시즈오카(Shizuoka)
5. 앗케시(Akkeshi)
6. 야마자키(Yamazaki)
7. 요이치(Yoichi)
8. 치치부(Chichibu)
9. 치타(Chita)
10. 카루이자와(Karuizawa)
11. 하뉴(Hanyu)
12. 하쿠슈(Hakushu)
13. 화이트 오크(White Oak)
14. 후지고텐바(Fuji-Gotemba)

위 : 일본 미야기현의 미야기쿄 증류소는 1969년에 설립되었다.
다음 페이지 : 스코틀랜드의 크라이겔라치 호텔에는 전 세계 위스키 애호가들을 매혹하는 유명한 위스키 바가 있다.

추천 위스키

마지막으로 우리에게 남은 일은 한 번에 한 잔씩 마시며 방대한 위스키 세계의 탐험을 시작하는 것이다. 위스키 초심자여서 어디서부터 시작해야 할지 모르거나, 스모키함의 정도가 다른 위스키들을 시음해보고 싶거나, 평소 마시던 제품에서 국제적으로 유명한 위스키로 영역을 확대하고 싶다면 반드시 시도해야 할 위스키를 몇 가지 추천한다.

초심자용으로 추천하는 위스키
1. 글렌 그란트 메이저스 리저브(Glen Grant Major's Reserve)
2. 글렌피딕(Glenfiddich) 12년산
3. 글렌리벳(Glenlivet) 12년산
4. 아벨라워(Aberlour) 10년산
5. 달위니(Dalwhinnie) 15년산
6. 글렌드로낙(Glendronach) 15년산
7. 글렌로시스 셀렉트 리저브(Glenrothes Select Reserve)
8. 글렌모렌지 라산타(Glenmorangie Lasanta)
9. 달모어(Dalmore) 15년산
10. 맥캘란(Macallan) 12년산 셰리 오크

피트 향이 가벼운 위스키
1. 오반(Oban) 14년산
2. 올드 풀트니(Old Pulteney) 17년산
3. 클라이넬리시(Clynelish) 14년산
4. 스카파(Scapa) 16년산
5. 스프링뱅크(Springbank) 10년산

피트 향이 강한 위스키
1. 보모어(Bowmore) 12년산
2. 탈리스커 다크 스톰(Talisker Dark Storm)
3. 라가불린(Lagavulin) 16년산
4. 아드벡 우가다일(Ardbeg Uigeadail)
5. 라프로익(Laphroaig) 10년산

스테디셀러 위스키
1. 하이랜드 파크(Highland Park) 18년산
2. 글렌파클라스(Glenfarclas) 15년산
3. 글렌리벳(Glenlivet) 21년산
4. 글렌모렌지(Glenmorangie) 18년산

5. 발베니 더블우드(Balvenie Doublewood)

스트레이트 버번

1. 메이커스 마크(Maker's Mark)
2. 이글 레어(Eagle Rare) 10년산
3. 짐 빔 더블 오크(Jim Beam Double Oak)
4. 1792 리지몬트 리저브(1792 Ridgemont Reserve)
5. 엘라이져 크레이그(Elijah Craig) 12년산

더 강한 스트레이트 버번

1. 포 로지즈 싱글 배럴(Four Roses Single Barrel)
2. 블랑톤 싱글 배럴(Blanton's Single Barrel)
3. 노브 크릭(Knob Creek)
4. 부커스(Booker's)
5. 와일드 터키 101(Wild Turkey 101)

버번 외 다른 아메리칸 위스키

1. 스트라나한스 콜로라도 위스키(Stranahan's Colorado Whisky)
2. 잭 대니얼스 싱글 배럴(Jack Daniel's Single Barrel)
3. 불렛 라이 위스키(Bulleit Rye Whisky)
4. 조지 딕켈 No.12(George Dickel No.12)
5. 올드 오버홀트 라이(Old Overholt Rye)

고급 블렌디드 스카치 위스키

1. 시바스 리갈(Chivas Regal) 18년산
2. 조니 워커 그린(Johnnie Walker Green) 15년산
3. 발렌타인(Ballantine's) 17년산
4. 듀어스(Dewar's) 18년산
5. 컴파스 박스 스파이스 트리(Compass Box Spice Tree)

아이리시 위스키

1. 제임슨(Jameson)
2. 티어코넬(Tyrconnell)
3. 라이터즈 티어스(Writers Tears)
4. 탈라모어 듀(Tullamore Dew)
5. 레드브레스트(Redbreast)

그 밖의 세계 위스키

1. 야마자키(Yamazaki) 12년산, 일본
2. 암루트 퓨전(Amrut Fusion), 인도
3. 라크 오스트레일리안 싱글 몰트(Lark Australian Single Malt), 오스트레일리아
4. 카발란(Kavalan), 타이완
5. 밀스톤 더치 라이 위스키(Millstone Dutch Rye Whisky), 네덜란드

참고자료

세계의 위스키 축제

1980년대 후반 위스키 판매가 부활하자 위스키 업계는 대중을 이끌고 교육할 축제를 조직하기 시작했다. 이러한 움직임은 미국에서 시작되어 점차 다른 나라로 퍼져갔다. 위스키 축제에서는 다양한 위스키를 맛볼 수 있고 위스키 전문가가 진행하는 세미나에 참석할 수도 있다. 다음은 전 세계의 유명 축제 중 몇 곳을 선정한 목록이다.

남아프리카공화국
Whisky Live

네덜란드
International Whisky Festival
Maltstock
Whisky Festival Northern Netherlands

독일
The Whisky Fair

미국
Kentucky Bourbon Festival
WhiskyFest
Whisky Live

벨기에
International Malt Whisky Festival
Whisky Live

스웨덴
Beer and Whisky Festival

스코틀랜드
Feis Ile
Spirit of Speyside Whisky Festival

싱가포르
Whisky Live

오스트레일리아
Whisky Live

이스라엘
Whisky Live

잉글랜드
The Whisky Show
Whisky Live

폴란드
Whisky Live

프랑스
Whisky Live

위스키 단체

미국크래프트증류주협회(American Craft Spirits Association, ACSA)

미국 크래프트 증류주 산업을 대변하기 위해 2012년 설립된 정식 비영리 무역 단체. 자세한 정보는 americancraftspirits.org에서 확인할 수 있다.

미국증류협회(American Distilling Institute, ADI)

2003년 크래프트 증류소을 위해 설립된 미국 무역 단체. 자세한 정보는 distilling.com에서 확인 가능하다.

미국증류주협의회(Distilled Spirits Council of the United States, DISCUS)

미국 위스키 산업을 비롯해 미국에서 판매되는 증류주의 생산자와 판매자를 대변하는 국가 무역 협회. 1973년 버번 연구소를 비롯해 증류주 연구소, 라이선스 음료 산업 주식회사가 합병해서 만들어졌다. 자세한 정보는 discus.org에서 확인 가능하다.

스카치몰트위스키협회(The Scotch Malt Whisky Society, SMWS)

1983년 에든버러에서 창립했으며, 희귀 위스키를 구해 회원 한정으로 판매, 병입하는 국제적인 회원제 클럽. 추가 정보는 smws.com에서 확인 가능하다.

스카치위스키협회(The Scotch Whisky Assiciation, SWA)

전 세계 스카치 위스키 산업의 이익을 홍보, 대표, 보호하기 위한 단체. 1912년 와인앤스피릿브랜드협회(Wine and Spirit Brand Association)로 창립하여 1942년 현재의 SWA가 되었다. 자세한 정보는 scotch-whisky.org.uk에서 확인 가능하다.

명예공로훈장 <The Honorable Order of Kentucky Colonels>

지역 사회, 주, 국가를 위해 주목할 만한 업적이나 공을 세운 개인을 기념하는 독립적인 비영리 자선 단체. '켄터키 대령(Kentucky Colonel)'이라는 타이틀은 1813년 공식적으로 정해졌지만, 켄터키 대령의 명예공로훈장든 1932년에 제정되었다. 추가 정보는 kycolonels.org에서 확인 가능하다.

위스키 전문가 단체 <The Keepers of the Quaich>

1988년 스코틀랜드 위스키 업계에서 창립한 단체. 스카치 위스키 산업에 헌신적으로 기여한 개인을 기념하는 독점적인 국저 즈직이다. 자세한 정보는 keepersofthequaich.co.uk에서 확인할 수 있다.

참고문헌

BOOKS

Arthur, Helen. *The Single Malt Whisky Companion*. Hoboken: John Wiley & Sons, 1997.

———. *A Teacher's Tale: 175 Years of Scotch Whisky Through the Eyes of William Teacher & Sons*. Bristol, UK: Allied Domecq Spirits and Wine, 2005.

———. *Whisky: The Water of Life—Uisge Beatha*. Richmond Hill, ON: Firefly Books, 2000.

Barnard, Alfred. *The Whisky Distilleries of the United Kingdom*. New York: Harper's Weekly Gazette, 1887.

Behr, Edward. *Prohibition: Thirteen Years That Changed America*. New York: Arcade, 1996.

Bell, Darek. *Alt Whiskeys: Alternative Whiskeys and Techniques for the Adventurous Craft Distiller*. Nashville: Corsair Artisan Distillery, 2012.

———. *Fire Water: Experimental Smoked Malts and Whiskeys*. Nashville: Corsair Artisan Distillery, 2014.

Broom, Dave. *The World Atlas of Whisky: New Edition*. London: Mitchell Beazley, 2014.

Bruce-Gardyne, Tom. *The Scotch Whisky Book*. Edinburgh: Lomond Books, 2002.

Bruce Lockhart, Sir Robert. *Scotch: The Whisky of Scotland in Fact and Story*. London: Putnam, 1951.

Bryson, Lew. *Tasting Whiskey: An Insider's Guide to the Unique Pleasures of the World's Finest Spirits*. North Adams, MA: Storey, 2014.

Buxrud, Ulf. *Japanese Whisky: Facts, Figures and Taste*. Limhamn, Swed.: DataAnalys Scandinavia, 2007.

Buxton, Ian. *101 Whiskies to Try Before You Die*. London: Headline, 2010.

Buxton, Ian, and Paul S. Hughes. *The Science and Commerce of Whisky*. London: Royal Society of Chemistry, 2013.

Carson, Gerald. *The Social History of Bourbon*. Lexington: University Press of Kentucky, 2010.

Cecil, Sam K. *Bourbon: The Evolution of Kentucky Whiskey*. Nashville: Turner, 2010.

———. *The Evolution of the Bourbon Whiskey Industry in Kentucky*. Nashville: Turner, 2001.

Cowdery, Charles K. *Bourbon, Straight: The Uncut and Unfiltered Story of American Whiskey*. Chicago: Made and Bottled in Kentucky, 2004.

———. *Bourbon, Strange: Surprising Stories on American Whiskey*. Chicago: Made and Bottled in Kentucky, 2014.

Daiches, David. *Scotch Whisky: Its Past and Present*. London: André Deutsch, 1969.

Darwen, James. *The Illustrated History of Whisky*. Suffolk, UK: Harold Starke, 1993.

Getz, Oscar. *Whiskey: An American Pictorial History*. Philadelphia: David McKay, 1978.

Givens, Ron. *Bourbon at Its Best: The Lore and Allure of America's Finest Spirits*. Cincinnati: Clerisy Press, 2008.

Green, Ben A. *Jack Daniel's Legacy*. Lynchburg, VA: Rich Printing, 1967.

Greenberg, Emanuel and Madeline. *Whiskey in the Kitchen: The Lively Art of Cooking with Bourbon, Scotch, Rum, Brandy, Gin, Liqueurs, and Kindred Spirits*. New York: Bobbs-Merrill, 1968.

Greene, Heather. *Whiskey Distilled: A Populist Guide to the Water of Life*. New York: Avery, 2014.

Grindal, Richard. *Return to the*

Glen. Chevy Chase, MD: Alvin Rosenbaum Projects, 1989.

Gunn, Neil M. *Whisky and Scotland*. London: George Routledge & Sons, 1935.

Hills, Phillip. *Appreciating Whisky: The Connoisseur's Guide to Nosing, Tasting, and Enjoying Scotch*. New York: HarperCollins, 2000.

Hopkins, Kate. *99 Drams of Whiskey: The Accidental Hedonist's Quest for the Perfect Shot and the History of the Drink*. New York: St. Martin's Press, 2009.

Huckelbridge, Dane. *Bourbon: A History of the American Spirit*. New York: William Morrow, 2014.

Jackson, Michael. *Malt Whisky Companion*, 6th ed. London: DK, 2010.

———. *Whiskey: The Definitive World Guide*. London: DK, 2005.

Kane, Frank. *Anatomy of the Whisky Business*. Manhasset, NY: Lakehouse Press, 1965.

Kergommeaux, Davin de. *Canadian Whisky: The Portable Expert*. Toronto: McClelland & Stewart, 2012.

Krass, Peter. *Blood & Whiskey: The Life and Times of Jack Daniel*. Hoboken: John Wiley & Sons, 2004.

MacDonald, Aeneas. *Whisky*. Edinburgh: Porpoise Press, 1930.

Macilwain, Ian. *Bottled History*. London: Envisage Books, 2007.

MacKenzie, Compton. *Whisky Galore*. London: Penguin, 1957.

MacLean, Charles. *Famous for a Reason: The Story of The Famous Grouse*. Edinburgh: Birlinn, 2015.

———. *MacLean's Miscellany of Whisky*. London: Little Books, 2010.

———. *Malt Whisky*. London: Mitchell Beazley, 1997.

———. *Scotch Whisky: A Liquid History*. London: Cassell Illustrated, 2004.

———. *Spirit of Place: Scotland's Great Whisky Distilleries*. London: Frances Lincoln, 2015.

———. *World Whisky*. London: DK, 2009.

McDowell, R. J. S. *Whiskies of Scotland*. London: John Murray, 1967.

Milroy, Wallace. *The Original Malt Whisky Almanac: A Taster's Guide*, 7th ed. Castle Douglas, UK: Neil Wilson, 1998.

Milsted, David, *The Bluffer's Guide to Whisky*. London: Oval Books, 2005.

Minnick, Fred. *Women & Whiskey: The Untold Story of How Women Saved Bourbon, Scotch, and Irish Whiskey*. Lincoln, NE: Potomac Books, 2013.

Mitenbuler, Reid. *Bourbon Empire: The Past and Future of America's Whiskey*. New York: Viking, 2015.

Morrice, Philip. *Schweppes Guide to Scotch*. Dorset, UK: Alpha Books, 1983.

Moss, Michael, and John R. Hume. *The Making of Scotch Whisky: A History of the Scotch Whisky Distilling Industry*. London: James & James, 1981.

Mulryan, Peter. *The Whiskeys of Ireland*. Dublin: O'Brien Press, 2002.

Murray, Jim. *The Art of Whisky: A Deluxe Blend of Historic Posters from the Public Record Office*. Surrey, UK: PRO Publications, 1998.

———. *Classic Blended Scotch*. London: Prion Books, 1999.

———. *Classic Bourbon, Tennessee & Rye Whiskey*. London: Prion Books, 1998.

———. *Classic Irish Whiskey*. London: Prion Books, 1997.

———. *Jim Murray's Complete Book of Whisky*. London: Carlton Books, 1997.

———. *Jim Murray's Whisky Bible*. Atlanta: Whitman Publishing, LLC, 2015.

Nettleton, J. A. *The Manufacture of Whisky and Plain Spirit*. Aberdeen, UK: G. Cornwall & Sons, 1913.

Nouet, Martine. *À Table: Whisky from Glass to Plate*. Isle of Islay, UK: Ailsa Press, 2016.

O'Connor, Fionnán. *A Glass Apart: Irish*

Single Pot Still Whiskey. Victoria, Austral.: Images, 2015.

Okrent, Daniel. *Last Call: The Rise and Fall of Prohibition*. New York: Scribner, 2011.

Pacult, F. Paul. *American Still Life: The Jim Beam Story and the Making of the World's #1 Bourbon*. Hoboken: John Wiley & Sons, 2003.

———. *A Double Scotch: How Chivas Regal and The Glenlivet Became Global Icons*. Hoboken: John Wiley & Sons, 2005.

Paterson, Richard, and Gavin D. Smith. *Goodness Nose: The Passionate Revelations of a Scotch Whisky Master Blender*. Castle Douglas, UK: Neil Wilson, 2008.

Rannie, William F. *Canadian Whisky: The Product and the Industry*. Beamsville, ON: W. F. Rannie, 1976.

Regan, Gary, and Mardee Haidin Regan. *The Book of Bourbon: And Other Fine American Whiskeys*. New York: Houghton Mifflin, 1995.

Ridley, Neil, and Gavin D. Smith. *Let Me Tell You About Whisky: Taste, Try, and Enjoy Whisky from Around the World*. London: Pavilion, 2014.

Ridley, Neil, and Joel Harrison. *Distilled: From Absinthe and Brandy to Vodka and Whisky, the World's Finest Artisan Spirits Unearthed, Explained, and Enjoyed*. London: Mitchell Beazley, 2015.

Risen, Clay. *American Whiskey, Bourbon & Rye: A Guide to the Nation's Favorite Spirit*. New York: Sterling Epicure, 2013.

Rogers, Adam. *Proof: The Science of Booze*. New York: Mariner Books, 2015

Ronde, Ingvar. *Malt Whisky Yearbook 2016*. Shrewsbury, UK: MagDig Media, 2015.

Roskrow, Dominic. *Whisky Japan: The Essential Guide to the World's Most Exotic Whisky*. New York: Kodansha USA, 2016.

———. *1001 Whiskies You Must Taste Before You Die*. New York: Universe, 2012.

Roskrow, Dominic, and Gavin D. Smith. *Whiskey Opus*. London: DK, 2012.

Ross, James. *Whisky*. London: Routledge & Kegan Paul, 1970.

Rothbaum, Noah. *The Art of American Whiskey: A Visual History of the Nation's Most Storied Spirit, Through 100 Iconic Labels*. Berkeley: Ten Speed Press, 2015.

Russell, Inge, and Graham Stewart. *Whisky—Technology, Production and Marketing*, 2nd ed. London: Elsevier, 2014.

Saintsbury, George. *Notes on a Cellar-Book*. London: MacMillan, 1920.

Samuels, Bill Jr. *Maker's Mark: My Autobiography*. Louisville: Saber, 2000.

Scott, Berkeley and Jeanine. *The Kentucky Bourbon Trail*. Charleston, SC: Arcadia, 2009.

Skipworth, Mark. *The Scotch Whisky Book*. London: Lomond Books, 1992.

Steadman, Ralph. *Still Life with Bottle: Whisky According to Ralph Steadman*. London: Random House, 1994.

Stephenson, Tristan. *The Curious Bartender: An Odyssey of Malt, Bourbon & Rye Whiskies*. New York: Ryland Peters & Small, 2014.

Taylor, Richard. *The Great Crossing: A Historic Journey to Buffalo Trace Distillery*. Frankfort, KY: Buffalo Trace Distillery, 2002.

Townsend, Brian. *Scotch Missed: The Original Guide to the Lost Distilleries of Scotland*. Castle Douglas, UK: Angels' Share, 2015. First published in 1993.

Truths About Whisky. Dublin: Jameson, Power & Roe, 1878.

Van Winkle Campbell, Sally. *But Always Fine Bourbon: Pappy van Winkle and the Story of Old Fitzgerald*. Louisville: Limestone Lane Press, 1999.

Veach, Michael R. *Kentucky Bourbon Whiskey: An American Heritage*. Lexington: University Press of Kentucky, 2013.

Warth, Ralph L. *Liquid Gold: Investing Successfully in Whisky*. New York: Windsor Verlag, 2014.

Watman, Max. *Chasing the White Dog: An Amateur Outlaw's Adventures in Moonshine*. New York: Simon & Schuster, 2010.

Wilson, Neil. *The Island Whisky Trail*. Castle Douglas, UK: Angels' Share, 2003.

———. *Scotch and Water*. Isle of Colonsay, UK: Lochar, 1985.

Wilson, Ross. *Scotch Made Easy*. London: Hutchinson, 1959.

Wishart, David. *Whisky Classified: Choosing Single Malts by Flavour*, 3rd ed. London: Pavilion Books, 2012.

Young, Al. *Four Roses—The Return of a Whiskey Legend*. Louisville: Butler Books, 2011.

ALSO BY THIS AUTHOR

Offringa, Hans. *A Taste of Whisky*. Zwolle, Neth.: Conceptual Continuity, 2007.

———. *Whisky & Jazz*. Charleston, SC: EPPC, 2009.

———. *Bourbon & Blues*. Charleston, SC: Conceptual Continuity, 2011.

———. *Malts & Jazz*. Charleston, SC: Conceptual Continuity, 2012.

———. *Rum & Reggae*. Charleston, SC: Conceptual Continuity, 2013.

———. *Still Stories: Whisky Tales from Kentucky to Kilbeggan*. Charleston, SC: Conceptual Continuity, 2016.

Offringa, Hans, Mark Lawson, and John LaDell. *The Craigellachie Collection of Scotch Whisky Labels*. Parts 1 & 2. Elgin, UK: Gopher, 1998-99.

Offringa, Hans, and Marcel van Gils. *1815–2015: 200 Years of Laphroaig*. Zwolle, Neth.: Conceptual Continuity, 2015.

MAGAZINES

Whiskeria
Whisky Advocate (United States)
Whisky Magazine (United Kingdom)
Whisky Quarterly

여행 정보

이 책에서 다룬 범위가 광범위한 탓에 전 세계의 모든 위스키 바를 총망라하는 것은 불가능하다. 다음은 전 세계 위스키 마니아들이 손꼽은 추천할 만한 곳이다.

미국의 위스키 바

Atlanta, Georgia
Whisky Mistress, 3161 Maple Drive NE

Austin, Texas
The Blackheart, 86 Rainey Street

Bardstown, Kentucky
Old Talbott Tavern, 107 W. Stephen
　　Foster Avenue

Boston, Massachusetts
The Last Hurrah, 60 School Street

Boulder, Colorado
The West End Tavern, 926 Pearl Street

Brooklyn, New York
Noorman's Kil, 609 Grand Street

Charleston, South Carolina
Blind Tiger Pub, 36–38 Broad Street
The Gin Joint, 182 E. Bay Street
Husk, 76 Queen Street
Prohibition, 547 King Street
Seanachai, 3157 Maybank Highway,
　　John's Island

Chicago, Illinois
Delilah's Chicago, 2771 N. Lincoln Avenue

Dallas, Texas
Trinity Hall, 5321 E. Mockingbird Lane, #250

Denver, Colorado
Pints Pub, 221 W. 13th Avenue

Houston, Texas
Anvil Bar & Refuge, 1424 Westheimer Road

Poison Girl, 1641 Westheimer Road, Suite B

Indianapolis, Indiana
MacNiven's, 339 Massachusetts Avenue

Las Vegas, Nevada
Double Helix Wine & Whiskey Lounge,
　　6599 Las Vegas Boulevard S., #150B
Oak & Ivy, Downtown Container Park,
　　707 Fremont Street

Los Angeles, California
Seven Grand, 515 W. 7th Street

Louisville, Kentucky
Bourbons Bistro, 2255 Frankfort Avenue
Old Seelbach Bar, 500 S. 4th Street

Memphis, Tennessee
Alchemy Memphis, 940 S. Cooper Street

Miami, Florida
Taurus Beer & Whisk(e)y House,
　　3540 Main Highway C103

Minneapolis, Minnesota
Butcher & the Boar, 1121 Hennepin Avenue

Nashville, Tennessee
Whiskey Kitchen, 118 12th Avenue S.

New Haven, Connecticut
The Owl Shop, 268 College Street

New Orleans, Louisiana
Barrel Proof, 1201 Magazine Street

New York, New York
Brandy Library, 25 N. Moore Street
The Flatiron Room, 37 W. 26th Street
Highlands, 150 W. 10th Street

Philadelphia, Pennsylvania
Monk's Cafe, 264 S. 16th Street

Portland, Oregon
Multnomah Whisky Library,
    1124 SW Alder Street

Raleigh, North Carolina
Whiskey Kitchen, 201 W. Martin Street

St. Louis, Missouri
The Scottish Arms, 8 S. Sarah Street

San Diego, California
The Whiskey House, 420 3rd Avenue

San Francisco, California
Nihon Whisky Lounge, 1779 Folsom Street

Santa Monica, California
The Daily Pint, 2310 Pico Boulevard

Seattle, Washington
Bourbon & Bones, 4350 Leary Way NW
Canon, 928 12th Avenue
The Pike Pub and Brewery, 1415 1st Avenue
The Whisky Bar, 2122 2nd Avenue

Washington, D.C.
Jack Rose Dining Saloon, 2007 18th
    Street NW

세계 여러 나라의 위스키 바

Australia
The Baxter Inn, 152-156 Clarence Street,
    Sydney
Boilermaker House, 209-211 Lonsdale
    Street, Melbourne
Helvetica, Rear 101 St Georges Terrace, Perth
Whisky & Alement, 270 Russell Street,
    Melbourne

Belgium
De Cluysenaer, Kluizendorpstraat 82,
    Kluizen
The Glengarry, Sint-Baafsplein 32, Ghent
The Green Man, Koningsstraat 64,
    Oostende

Canada
The Dam Pub, 53 Bruce Street,
    Thornbury, ON
The Feathers Pub, 962 Kingston Road,
    Toronto, ON
Fets Whisky Kitchen, 1230 Commercial
    Drive, Vancouver, BC
Shebeen Whiskey House, 212 Carrall
    Street, Vancouver, BC

Czech Republic
Whiskeria Bar, Jindřišská Věž, Prague

Denmark
Kruts Karport, Øster Farimagsgade 12,
    Copenhagen
Lidkoeb, Vesterbrogade 72B, Copenhagen
Torvehallerne, Fiskergade 2-8, Vejle

England
Black Rock, 9 Christopher Street, London
Blues Kitchen, 111-113 Camden High
    Street, 134-146 Curtain Road, and
    40 Acre Lane, London
Boisdale of Canary Wharf, Cabot Place,
    Canary Wharf, London

France
Harry's New York Bar, 5 Rue Daunou, Paris
Wallace Bar, 2 Rue Octavio Mey, Lyon

Germany
Brachmanns Galeron, Hein-Hoyer-
    Strasse 60, Hamburg
Loch Ness Scottish Pub and Whisky Bar,
    Roonstrasse 31A, Berlin

Offside Pub & Whisky Bar, Jülicher
Strasse 4, Berlin
Ryan's Muddy Boot, Schlörstrasse 10,
Munich
Villa Konthor, Werner-Senger-Strasse
23, Limburg an der Lahn
Whisky Spirits, Wallstrasse 23, Frankfurt

Ireland
Beaufort Bar & Restaurant, Beaufort,
Killarney
Cronin's Pub, 1 Point Road, Crosshaven
Fairhill House Hotel, An Fhairce, Clonbur
The Galtee Inn, The Square, Cahir
Garavan's, 46 William Street, Galway
Lowry's Bar, Market Street, Clifden
O'Loclainn's Irish Whiskey Bar,
Ballyvaughn
The Palace Bar, 21 Fleet Street, Dublin
South County Bar, Douglas Village,
Douglas, Cork

Israel
The Bear Pub, Hanassi Avenue 135, Haifa

Japan
Bar Augusta, Arakawa Building 1F, 2-3
Tsurunocho, Kita-ku, Osaka
Highlander Inn, one-minute walk from
Nakanosakaue Metro Station, Tokyo
Mash Tun, 2-14-3 Kamiosaki Shinagawa,
Tokyo
Wodka Tonic (Don't be fooled by the
name; it's a fine whisky bar!)
Tamura Building B1F, 2 Chome 25-11
Nishi Azabu, Minato-ku, Tokyo

Lithuania
King and Mouse, Vilnius

Malaysia
The Whisky Bar, 46 Changkat Bukit
Bintang, Bukit Bintang, Kuala Lumpur

The Netherlands
Door 74, Reguliersdwarsstraat 74I,
Amsterdam
The Hielander, Ridderstraat 15, Alkmaar
Jack's Music Bar, Sassenstraat 29, Zwolle
J.D. William's Whisky Bar, Prinsenstraat
5, Amsterdam
Whiskycafe L&B, Korte Leidsedwarsstraat
82-84, Amsterdam

Northern Ireland
Bittles Bar, Musgrave Channel Road, Belfast
The Duke of York, 7-11 Commercial
Court, Belfast
McCuaig's Bar, Ballycastle, Rathlin Island

Norway
Dr. Jekyll's Pub, Klingenberggata 4, Oslo

Poland
Dom Whisky, Droga Rybacka 60,
Jastrzębia Góra

Russia
Grand Bourbon Street, 2 Potapovskiy
Lane, Moscow
Whisky Bar, Nekrasova Street 9,
St. Petersburg

Scotland
Bon Accord, 153 North Street, Glasgow
Copper Dog, Craigellachie Hotel, Victoria
Street, Craigellachie
The Devil's Advocate, 9 Advocates Close,
Edinburgh
Dornoch Castle Hotel, Castle Street, Dornoch
Fiddler's, The Village Green,
Drumnadrochit
Gleneagles, Auchterarder
The Highlander Inn, Victoria Street,
Craigellachie
The Jazz Bar, 1A Chambers Street,
Edinburgh
The Mash Tun, Broomfield Square, Aberlour
The Pot Still, 154 Hope Street, Glasgow

The Quaich, Craigellachie Hotel, Victoria Street, Craigellachie

Scotch Malt Whisky Society (SMWS), 28 Queen Street (Bar & Restaurant) and 87 Giles Street (Members Club), Edinburgh

Tannochbrae, 22 Fife Street, Dufftown

Whiski Rooms, 4–7 North Bank Street, Edinburgh

Singapore

The Auld Alliance, Rendezvous Hotel, 9 Bras Basah Road, Singapore

South Africa

Wild about Whisky, Auldstone House, 506 Naledi Drive, Dullstroom

Spain

Bar de Copas Whiskey, Calle Alcalde Sainz de Baranda 51, Madrid

Sweden

Akkurat Bar & Restaurant, Hornsgatan 18, Stockholm

Ardbeg Embassy, Västerlånggatan 68, Stockholm

The Bishop's Arms, Kungsportsavenyn 36, Goteborg

The Bishops Arms, Gustav Adolfs Torg 49C, Malmö

Saddle & Sabre Saloon & Steakhouse, Tegnérgatan 9, Stockholm

Switzerland

Smallest Whisky Bar on Earth, Platz 71, Santa Maria Val Müstair

Widder Bar, Widdergasse 6, Zürich

Taiwan

L'arrière-cour, Xinyi Ahnhe Station Exit 2, Taipei

위스키 호텔

위스키 전용 호텔이 있는 나라는 스코틀랜드가 유일하며, 스코틀랜드를 중심으로 한 호텔 목록이다.

Craigellachie Hotel, Victoria Street, Speyside, Banffshire AB38 9SR, UK

Dornoch Castle Hotel, Castle Street, Dornoch, Sutherland IV25 3SD, UK

Highlander Inn, Victoria Street, Craigellachie, Banffshire AB38 9SR, UK

Fiddler's, The Village Green, Drumnadrochit, Inverness, Inverness-shire IV63 6TX, UK

The Torridon, Achnasheen, Wester Ross IV22 2EY, UK

위스키 트레일

American Whiskey Trail (United States), americanwhiskeytrail.com

Ireland Whiskey Trail (Ireland), irelandwhiskeytrail.com

Kentucky Bourbon Trail (United States), kybourbontrail.com

Malt Whisky Trail (Scotland), maltwhiskytrail.com

위스키 여행사

위스키 투어를 전문으로 기획하는 여행사는 다음과 같다.

European Waterways (gobarging.com)

Jewish Travel Agency (jewishtravelagency.com)

Lynott Tours, Inc. (lynotttours.com)

McLean Scotland (mcleanscotland.com)

Scotland Sailing (scotlandsailing.com)

Speyside Whisky Experience (speysidewhiskyexperience.com)

Thalassa (tallshipthalassa.nl/en)

The Travel Club (thetravelclub.nl/info/to-our-english-visitors)

찾아보기

ㄱ
간접 가열(Indirect Heating) 71
거번 증류소 97
게베르(Geber) 254
경매 220, 221
경매 사이트 220
곡물(Grain) 26, 51, 177, 263
곡물법 115
공식병입(OB) 182
교반기(Rummager) 71
구매 217
국균 164
그랜츠(Grant's) 225
그레인 위스키 94~99
그레인 위스키 숙성 98
그레인 위스키 증류소 98
그리스트(Grist) 56
그린 스팟(Green Spot) 28, 127
글렌(Glen) 188
글렌노라 증류소 161
글렌드로낙 184
글렌로시스 증류소 60
글렌리벳 증류소 188
글렌 브레튼(Glen Breton) 161
글렌캐런(Glencairn) 잔 201
금주법 149
금주법 폐지 156
기독교 금주 운동 151
기후 256
김리 증류소 163

ㄴ
나무 워시백 60
나스카(Nascar) 266
남아메리카 위스키 39
남아프리카공화국 위스키 38
냉각여과(Chill Filtering) 172

ㄷ
네덜란드 위스키 34, 239
노르웨이 위스키 38
노징 글라스(Nosing Glass) 200, 201
녹맥아(Green Malt) 52
농축탑(Rectifier) 97
눈물(Tears) 197
뉴 메이크 스피릿(New Make Spirit) 73, 75
니카(Nikka) 164, 273

ㄷ
단식 증류(Pot Still Distillation) 94
단식 증류기(Pot Still) 114, 120, 122, 124, 254
단일 증류소 위스키(Single Distillery Whisky) 158
달위니 증류소 280
당화조(Mash Tun) 58
댄 콜(Dan Call) 267
더블러(Doubler) 135
더 페이머스 그라우스(The Famous Grouse) 26, 102, 105
던니지 숙성 창고 76
데렉 벨(Darek Bell) 246
데블스 컷(Devil's Cut) 140
덴마크 위스키 33
독립병입(IB) 182
독립병입업자(Independent Bottler) 181
독일 위스키 36
듀어리즘(Dewarism) 107
듀어스(Dewar's) 26, 102, 107, 225, 303
드라크마(Drachma) 203
드래프(Draff) 59
드램(Dram) 203

ㄷ
디스틸러 코퍼레이션(The Distillers Corporation) 275
디아지오(Diageo) 118, 237
디캔팅(Decanting) 202
딘스톤 증류소 59

ㄹ
라가불린 증류소 64
라벨 5(Label 5) 225
라벨 읽는 법 173~176
라이 위스키(Rye Whisky) 29, 147, 162
라이 위스키 숙성 147
라이터즈 티어스(Writers Tears) 127, 303
라이 파이프(Lye Pipe) 66
라인 암(Lyne Arm) 66, 67
라프로익(Laphroaig) 110
라프로익 멤버십 회원제(FOL) 177
랜턴형 포트 스틸 64
레드브레스트(Redbreast) 28, 127, 303
레이첼 배리(Rachel Barrie) 101
로고(Logo) 176
로버트 번스(Robert Burns) 110, 271
로버트 스타인(Robert Stein) 114, 270
로우랜드(Lowlands) 278
로우 와인(Low Wine) 66
로우 와인 리시버(Low Wines Receiver) 72
로우 캐스크 위스키(Raw Cask Whisky) 173
로크스(Locke's) 127, 260
로크 에베 증류소 254
리랙킹(Reracking) 90
리얼 맥코이(Real McCoy) 156

리필 캐스크(Refill Cask) 84
링컨 카운티 프로세스(Lincoln
　County Process) 146

◨
마데이라(Madeira) 42
마스터 디스틸러(Master
　Distiller) 71
마운트 버넌 증류소 265
마이크로브루어리
　(Microbrewery) 29
마이크로 증류소(Micro
　Distillery) 29, 31, 233, 249
마티니(Martini) 212
매시(Mash) 57, 132
매시빌(Mash Bill) 130
매시 쿠커(Mash Cooker)
　130, 132
매시턴(Mash Tun) 57, 58, 59
매싱(Mashing) 48, 57
매튜 글로그 앤 선(Matthew
　Gloag & Son) 105
맥아(Malt) 26, 53, 54, 56
맥아 제분기 56
맥아즙(Wort) 57
맥주(Beer) 256
머논가힐라 위스키 263
메이커스 마크(Maker's Mark)
　29, 148, 303
메이커스 마크 증류소 138
명예공로훈장〈The Honorable
Order of Kentucky Colonels〉305
몰트 위스키 48~93
몰트 위스키 연감 229
몰트 위스키 제조 과정 48
몰팅(Malting) 48, 53
무산소 발효 61
무어인(Moors) 256
무연산 180
문샤이닝(Moonshining) 266
문샤인(Moonshine) 266
물 50, 204

미국 147, 227, 233~236, 263,
　265, 290
미국 위스키 28
미국 증류소 290~295
미국증류주협의회(DISCUS)
　157, 235, 246, 305
미국증류협회(ADI) 233, 235,
　305
미국크래프트증류주협회(ACSA)
　233, 235, 305
미나가와 타츠야(Minagawa
　Tatsuya) 273
미들턴 증류소 18, 124, 286
미야기쿄 증류소 298
미즈와리 244
믹솔로지스트(Mixologist) 212
밀(Wheat) 29, 94, 115, 128, 129
밀링(Milling) 48, 56

ㅂ
바카디(Bacardi) 118
박스 증류소 40
반술집연대(Anti-Saloon
　League) 153
발렌타인(Ballantine's) 26, 102,
　225, 303
발블레어 증류소 76
발효(Fermenting) 48, 61
발효액(Beer) 133, 135
발효조(Fermenter) 133
배럴(Barrel) 78
배럴 덤핑(Barrel Dumping) 140
배럴 스트렝스(Barrel Strength)
　172
배럴 종류 136
밸리필드 증류소 161
버번(Bourbon) 29, 43, 143, 144
버번 스타일 위스키(Bourbon
　Style Whisky) 144
버번 위스키 29, 128~148
버번 위스키 브랜드 148
버번 위스키 숙성 136

버번의 아버지 141, 263
버번 헤리티지 센터(Bourbon
　Heritage Center) 139
버진 오크(Virgin Oak) 83
버트(Butt) 82
버팔로 트레이스(Buffalo Trace)
　148
버팔로 트레이스 증류소 130, 133
벅스 모란 155
번스 저녁 식사(Burns Supper) 271
베이스 위스키(Base Whisky) 158
벨기에 위스키 32
벨스(Bell's) 225
병(Bottle) 184
병입(Bottling) 48, 169~189
병입사명(Bottling Company
　Name) 176
병입 시기 170
보디감 197
보리 51, 52, 53, 115, 128, 129,
　256, 263
보리 수확 48
보리 품종 51
보모어 증류소 54, 64, 70
보일 볼(Boil Ball) 66, 67
볼스테드법(Volstead Act) 149
부나하벤 증류소 90
부시밀즈(Bushmills) 28, 127
부시밀즈 증류소 방문자 센터 286
분획탑(Analyzer) 95
브라운스타인 증류소 242
브랜디(Brandy) 114, 198
브루스나(Brusna) 127, 260
블랑톤(Blanton's) 148, 303
블랙 부시(Black Bush) 28, 127
블랙 앤 화이트(Black & White)
　102, 108, 225
블렌디드 그레인 위스키 26
블렌디드 몰트 위스키 26
블렌디드 스카치 위스키 100, 111
블렌디드 위스키 26, 100~119
블렌디드 위스키 브랜드 102

블렌디드 위스키의 아버지
103, 115
블루그래스 쿠퍼리지 79
비냉각여과(Unchill Filtered) 172
비방디(Vivendi) 275
비어 스틸(Beer Still) 135
빅 파이브(Big 5) 21
빌리 선데이(Billy Sunday) 153
빔 글로벌(Beam Global)
238, 250
빔 산토리(Beam Suntory)
118, 124

ㅅ
사워 매시(Sour Mash) 132, 268
산소 발효 61
산토리(Suntory) 238, 272
새뮤얼 브론프맨(Samuel
Bronfman) 275
색소 173, 180
생선 207
샷 글라스(Shot Glass) 197, 198
샷잔 197
서니베일(Sunnyvale) 296
서양배형 포트 스틸 64
선반형 숙성 창고 77
성숙한 시장(Mature Market) 249
성 콜룸바(Saint Columba) 257
성 패트릭(Saint Patrick) 257
세인트 조지스 증류소 35, 288
셰리 밤(Sherry Bomb) 213
셰리 버트(Sherry Butt) 82
셴리 프로덕트 컴퍼니(Schenley
Products Company) 157
소규모증류소지부(Small
Distiller Affiliate) 235
수직 시음 205
수평 시음 205
숙성(Maturing) 48
숙성 몰트(Vatted Malt) 26
숙성 연수(Age) 23, 174,
177, 178

숙성 창고 76, 77, 138
순수 몰트(Pure Malt) 26
숯 필터링 146
쉘앤튜브(Shell and Tube)
69, 70
스니프터(Snifter) 201
스모키(Smoky) 55, 195
스몰 배치(Small Batch) 183
스완 넥(Swan Neck) 66, 67
스웨덴 위스키 40
스위스 위스키 41
스카치몰트위스키협회(SMWS)
214, 305
스카치 위스키 43, 75
스카치 위스키 브랜드 225
스카치위스키인터내셔널(SWI)
218, 221, 224
스카치위스키협회(SWA)
224, 246, 305
스코틀랜드 92, 98, 237, 260,
262, 278
스코틀랜드 위스키 26
스코틀랜드 증류소 278~285
스크루 마개(Screw Cap) 187
스테인리스 스틸 워시백 60
스트라스(Strath) 188
스트라스밀(Strathmill) 188
스트라스아일라(Strathila) 188
스트라스아일라 증류소 278
스트라이프 피그 증류소 236
스트레이트 버번(Straight
Bourbon) 142
스페이사이드(Speyside) 278
스페이사이드 쿠퍼리지 85
스페인 위스키 39
스펜트 리스(Spent Lees) 73
스피릿(Spirit) 75
스피릿 리시버(Spirit Receiver)
73
스피릿 세이프(Spirit Safe)
70, 71
스피릿 스틸(Spirit Still) 66

슬뤼르스 증류소 36
시가(Cigar) 211
시가 몰트(Cigar Malt) 211
시바스 리갈(Chivas Regal)
26, 102, 106, 225, 303
시바스 브라더스(Chivas
Brothers Ltd.) 106
시바스(Chivas) 형제 106
시음(Tasting) 48, 193~215
시음 노트(Tasting Note)
176, 204
시음회 205, 206, 214
싱글 그레인 위스키 26
싱글 몰트(Single Malt) 181
싱글 몰트 위스키 26, 92, 161, 181
싱글 배럴(Single Barrel) 183
싱글 캐스크(Single Cask) 183
싱글 포트 스틸 위스키(Single
Pot Still Whisky) 120, 122
씨그램(Seagram's) 275

ㅇ
아드모어 증류소 57
아랍 화학의 아버지 254
아메리칸오크 80
아메리칸 위스키 141
아이리시 위스키 120~127
아이리시 위스키 브랜드 127
아이리시 위스키 숙성 123
아이슬란드 위스키 37
아이오나 수도원 257
아일랜드 228, 238, 260, 286
아일랜드공화국 286
아일랜드 위스키 28
아일랜드 증류소 124, 286, 287
아일랜즈(Islands) 278
아일레이(Islay) 278
아치볼드 발렌타인(Archibald
Ballantine) 104
아카다마 포트 와인(Akadama
Port Wine) 272
아쿠아 비테(Aqua Vitae) 16

아쿠아비트(Aquavit) 38
알렉산더 워커(Alexander
 Walker) 103
알 카포네(Al Capone) 150, 155
알코올 도수(ABV) 11, 64, 87,
 176, 179
애버펠디 증류소 55, 61
앤드류 볼스테드(Andrew
 Volstead) 149
앤드류 어셔(Andrew Usher)
 103, 115
앤드류 헌터(Andrew Hunter) 104
야마자키(Yamazaki) 272
양파형 포트 스틸 64
언더백(Underback) 58
언더프루프(Underproof) 179
얼음 203
에반 윌리엄스(Evan Williams)
 141, 267
에일린 도난성(Eilean Donan
 Castle) 27
엘라이져 크레이그(Elijah Craig)
 141, 148, 266, 303
여과(Filtering) 172, 176
여성기독교금주연맹(WCTU) 151
연방주류관리부(FACA) 157
연속식 증류(Column
 Distillation) 94
연속식 증류기(Column Still)
 94, 114
영광의 12일(The Glorious
 Twelfth) 105
영국 105, 226
예네버르(Jenever) 239
오래된 병 영향(OBE) 186
오스트레일리아 245
오스트레일리아 위스키 32
오스트리아 위스키 32
오크(Oak) 78
오크통 23, 78~91
오크통 나무 품종 78
오크통 종류 81

오큰토션 증류소 74
옥수수(Corn) 29, 94, 115, 128,
 129, 141, 263
온라인 구입 220
올드 오스카 페퍼 증류소 268
올드 포레스터(Old Forester) 148
와일드 터키(Wild Turkey)
 29, 148, 303
와일드 터키 증류소 137
요이치 증류소 164
용량(Volume) 176, 179
우드로 윌슨(Woodrow Wilson)
 149
우드포드 리저브(Woodford
 Reserve) 148
우드포드 리저브 증류소
 132, 268, 290
우드 피니시(Wood Finish) 90
우스게 바하(Uisge Beatha) 16
워시(Wash) 64, 94
워시백(Washback) 59, 61, 133
워시 스틸(Wash Still) 64
워트(Wort) 57
원산지(Origin) 173, 177
원산지 통제 명칭(AOC) 43
월드 위스키 인덱스(World
 Whisky Index) 223
웜터브(Worm Tub) 69
웨인 윌러(Wayne Wheeler) 149
웨일스 위스키 42
웨일스 증류소 288, 289
위스키 구입 218, 220
위스키 기념품 224, 225
위스키 단체 305
위스키 로치(Whisky Loch) 223
위스키 문헌 226~228
위스키 반란(Whisky Rebellion)
 263
위스키 보관 185, 222
위스키 브랜드 18
위스키 수출 21
위스키 시장 동향 232~245

위스키 업계 246
위스키 여행 정보 310~313
위스키의 대부 254
위스키의 미래 249
위스키 잔 194
위스키 전문가 213
위스키 전문가 단체 〈The
 Keepers of the Quaich〉 305
위스키 종류 17, 29
위스키 제조 254
위스키 지수(Whisky Index) 223
위스키 축제 304
위스키 칵테일 212
위스키 클럽 214
위스키 투자 221~223
위스키 트렌드 231~251
위스키페스트(WhiskyFest) 233
위스키 평점 214
위스키 폭동(Whisky
 Insurrection) 264
위스키 향 194
위스키 혁신 235, 246~248
위스키 휠(Whisky Wheel)
 195, 196
위트 위스키(Wheat Whisky)
 29, 147
위트 위스키 숙성 147
윌리엄로손스(William Lawson's)
 225
윌리엄 맥코이(William McCoy)
 156
윌리엄 제닝스 브라이언(William
 Jennings Bryan) 153
유러피안오크 81
유럽 242, 256
육류 209
음식 207
응축기(Condenser) 65, 69
이니어스 코페이(Aeneas
 Coffey) 94, 114
이름(Name) 174, 179
이탄(Peat) 18

이탈리아 위스키 37
인도 19, 21, 245
일본 228, 244, 298
일본 위스키 30, 164~167
일본 위스키 숙성 167
일본 증류소 298, 299
잉글랜드 위스키 34
잉글랜드 증류소 288, 289

ㅈ
잭 대니얼(Jack Daniel) 267
잭 대니얼스(Jack Daniel's) 145, 198, 267
잭 대니얼스 방문객 센터 145
저스테리니 앤 브룩스(Justerini & Brooks) 108
정류기(Purifier) 66, 67
제이 앤 비(J&B) 108
제이 앤 비 레어(J&B Rare) 108, 225
제이 앤 비 클럽(J&B Club) 108
제임스 뷰캐넌(James Buchanan) 108
제임스 시바스(James Chivas) 106
제임스 크로우(James Crow) 268
제임스 파워(James Power) 269
제임슨(Jameson) 28, 127, 303
제임슨 증류소 120
조각투자 221
조니 워커(Jhonnie Walker) 26, 102, 103, 225, 303
조지 딕켈 증류소 146
조지 발렌타인(George Ballantine) 104
조지 발렌타인 앤 선(George Ballantine & Son) 104
조지 소프(George Thorpe) 141
조지 워싱턴(George Washington) 265
존 듀어(John Dewar) 107
존 발리콘(John Barleycorn) 153
존 설리번(John Sullivan) 154

존 시바스(John Chivas) 106
존 알렉산더 듀어(John Alexander Dewar) 107
존 워커(John Walker) 103
존 제임슨(John Jameson) 269
존 코어(John Cor) 262
존 하이더(John Heider) 32
중류(Middle Cut) 65, 72
중앙 병입 공장 170
쥐라 증류소 64
증류(Distilling) 48
증류기 67, 68, 114
증류 기술 254
증류소 277~299
증류소명(Distillery Name) 174
증류소 캐릭터(Distillery Character) 278
증류용 이스트 62
증류주(Spirit) 68
증류주연구소(The Distilled Spirits Institute) 156
지역명(Region) 173
직접 가열(Direct Heating) 71
짐 빔(Jim Beam) 29, 148, 303
짐 빔 데블스 컷(Jim Beam Devil's Cut) 140
짐 빔 증류소 144

ㅊ
차링(Charring) 79, 80, 84
착향료 160
찰스 도이그(Charles Doig) 54, 271
찰스 맥클린(Charles MacLean) 196
창립 연도(Foundation) 176
채소 209
천사의 몫 83, 139
체코 위스키 33
초류(Foreshots) 65, 72
초콜릿 203, 210
추가 숙성(Extra Maturation) 90

추천 위스키 302, 303
치즈 209

ㅋ
카듀(Cardhu) 184
카발란 증류소 41
칵테일 갈라(Cocktail Gala) 200
캄파리(Campari) 37
캐나다 228, 245, 296
캐나다 위스키 30
캐나다 위스키 숙성 163
캐나다 증류소 296, 297
캐나디안 라이 위스키 162
캐나디안 위스키 158~163
캐나디안 클럽(Canadian Club) 273
캐러멜 색소 180
캐리 네이션(Carry Nation) 152
캐리 아멜리아 무어 네이션(Carry Amelia Moore Nation) 151
캐스크(Cask) 23
캐스크 스트렝스(Cask Strength) 172
캠벨타운 278
커티삭(Cutty Sark) 102, 110, 156
컬럼 스틸(Column Still) 94, 97, 114, 270
컷(Cut) 65
켄터키 스트레이트 버번(Kentucky Straight Bourbon) 143
켄터키주 142, 143, 148
코냑 117, 118
코네마라(Connemara) 28, 127
코니서스 초이스(Connoisseurs Choice) 187
코르크 마개(Cork Stopper) 188
코페이 스틸(Coffey Still) 270
코피타(Copita) 194
콘 위스키 29
쿠퍼리지(Cooperage) 79
쿨리 증류소 97, 120
쿼터 캐스크(Quarter Cask) 83

퀘익(Quaich) 202
크라운 로얄(Crown Royal) 161
크라이겔라치 호텔 298
크래프트 증류(Craft Distilling)
   161, 248
크래프트 증류소 28, 233, 234
클래식 몰트(Classic Malt) 232
클레몬트 증류소 188, 290
킨달톤 십자가 283
킨달톤 증류소 283
킬닝(Kilning) 48, 54
킬베간(Kilbeggan) 127
킬베간 증류소 127, 260, 270

ㅌ
타이완 위스키 41
타케츠루 마사타카(Taketsuru
   Masataka) 272
탈라모어 듀(Tullamore Dew)
   28, 127, 303
탈리스커(Talisker) 207
탈리스커 증류소 27, 69
터키 위스키 42
터틸타운 스피리츠 증류소 250
텀블러(Tumbler) 198, 200
텀퍼(Thumper) 135, 137
테네시 위스키 29, 145
테루아(Terroir) 44
테일(Tails) 135
테일 박스(Tail Box) 136, 137
테켈(Tekel) 42
토리이 신지로(Torii Shinjiro) 272
토마틴 증류소 60
토미 듀어(Tommy Dewar)
   107, 108
토버모리 증류소 56, 70
토스팅(Toasting) 79
튤립(Tulip) 잔 194, 214
트리플 증류(Triple Distillation)
   74
티어코넬(Tyrconnell)
   28, 127, 303

티처스(Teacher's) 187
틸링 증류소 239

ㅍ
파고다루프(Pagoda Roof)
   54, 55, 271
파워스(Powers) 127, 269
파워스 증류소 124
판매량 224
패디(Paddy) 28, 127
패티슨 위스키 117
패티슨(Pattison) 형제 117
퍼스트 필 캐스크(First Fill
   Cask) 84
펀천(Puncheon) 82
페놀(Phenol) 53
페르노리카(Pernod Ricard)
   104, 118, 269
페어링(Paring) 207~211
포 로지즈(Four Roses)
   29, 148, 303
포 로지즈 증류스 135, 137
포사이스(Forsyth's) 245
포친(Potcheen) 123
포트 스틸(Pot Still) 64
포트 에일(Pot Ale) 73
포트 파이프(Port Pipe) 82
푸니 증류소 36
품목(Type) 173, 177
프랑스 위스키 35
프랭클린 루즈벨트(Franklin
   Roosevelt) 156
프루프(Proof) 179
플레이버 그레인(Flavor
   Grains) 128
플레이버드 위스키(Flavored
   Whisky) 248
피니시(Finish) 197
피터 맥키(Peter Mackie) 109
피터 브라운(Peter Brown) 103
피트(Peat) 18
핀란드 위스키 35

ㅎ
하이랜더 인 호텔 273, 275
하이랜드(Highlands) 278
하이랜드 파크 212
하이랜드 파크 증류소 55
하이램 워커(Hiram Walker) 273
하이램 워커 앤 선즈(Hiram
   Walker and Sons Ltd.) 273
하이볼(Highball) 198
하이우드 증류소 296
하이 크로스(High Cross) 283
하쿠슈 증류소 166
한정판(Limited Edition) 183
향미 위스키(Flavoring Whisky)
   159
허버트 후버(Herbert Hoover) 150
헤드(Heads) 135
헤븐 힐(Heaven Hill) 148
헤븐 힐 증류소 139
호밀(Rye) 29, 128, 129,
   141, 263
호세 쿠엘보(Jose Cuervo) 250
혹스헤드(Hogshead) 82
홉(Hop) 256
화이트 독(White Dog)
   136, 137, 139, 145, 146, 266
화이트 호스(White Horse)
   102, 109
환류(Reflux) 66, 68
효모 62, 63
효모화 61
후류(Feints) 65, 72
후류 리시버(Feints Receiver) 72
후지고텐바 증류소 30
흐벤 증류소 242
희석 172

ABV(알코올 도수) 179
E150a(캐러멜 색소) 180
NAS(No Age Statement)
   180, 237
RTD 칵테일 236

한스 오프링가 지음

국제적으로 유명한 작가이자 위스키 전문가이다. 위스키 전문가 단체 〈Keeper of the Quaich〉의 회원, 명예 스코틀랜드인, 북네덜란드 위스키 페스티벌 후원자이며, 켄터키주에서 명예공로훈장을 수상했다. 또한 《Europe for Whisky Magazine》의 객원 기자이자 네덜란드의 국제 위스키 스쿨의 강사이다. 그리고 아내 베키 러벳 오프링가와 함께 네덜란드 위스키 어워드의 심사위원을 맡기도 했다.

임지연 옮김

숙명여대 사학과 졸업 후 해외광고홍보대행사와 CJ E&M에서 일했다. 영상보다는 활자에 매력을 느껴, 글밥아카데미를 거쳐 현재 바른번역에서 전문번역가로 활동하고 있다. 옮긴 책으로는 《거절당하기 연습》, 《사람은 무엇으로 사는가》, 《재즈를 읽다》, 《앙겔라 메르켈》, 《자기계발을 위한 몸부림》, 《킨포크》, 《술의 인문학》, 《인스타그램, 순간을 남기면 보이는 나》, 《너무 사랑하지만 힘든 걸 어떡해》, 《감정의 발견》, 《악의 패턴》 등이 있다.

"경험상 내가 글을 쓸 때 필요한 도구는
종이와 담배, 음식, 그리고
약간의 위스키뿐이다."

윌리엄 포크너 William Faulkner